AF402870

Trudi Thali

Das VATERUNSER
als
Chakra-Meditation

Trudi Thali

Das VATERUNSER
als
Chakra-Meditation

Ein Schlüssel
zur kosmischen Lichtkraft

Verlag Trudi Thali

Die Deutsche Bibliothek verzeichnet diese
Publikation in der Deutschen Nationalbibliographie
http:/dnb.ddb.de

Zitate mit freundlicher Genehmigung folgender Verlage,
übernommen aus der 3. Auflage: Ansata Verlag
Verlag Bruno Martin, Turm Verlag
Wilhelm Heyne Verlag

Illustrationen: Trudi Thali
Umschlagentwurf: Trudi Thali
Herstellung: BoD - Books on Demand

5. Auflage
ISBN 978-3-9522439-4-7
© 2007 by Verlag Trudi Thali
www.trudi-thali.ch
info@trudi-thali.ch

Inhalt

Ein paar Worte zur Neuauflage

Seit dieses Buch vor 23 Jahren zum ersten Mal erschien, haben viele Menschen damit eine neue, vertiefte Form des Betens entdecken können. Die hohe Schwingung der sieben Sätze des VATERUNSERS hat die Entfaltung ihres Lichtkörpers beschleunigt, jedes einzelne Chakra durch die Kraft des Gebetes stimuliert und geöffnet. Auch in meinen Erfahrungen als Heilerin und Seminarleiterin habe ich immer wieder dankbar festgestellt, wie jeder Satz des VATERUNSERS zu einem heiligen Mantra wird und eine überaus starke Lichtentfaltung im Körper verbreitet. Immer wieder nehmen wir eine unvergleichliche Kraftdurchströmung wahr, dürfen miterleben, wie der Energiekörper mit den Chakras und Energie-Leitbahnen, den Lichtbahnen, sich zum Lichte hin öffnet. Die Synthese von christlich-jüdischer Religion mit einer östlichen Meditationstechnik wurde für eine große Anzahl von Suchenden zu einer echten Bereicherung auf dem spirituellen Weg. Viele Leser berichteten mir von Lichterfahrungen und von heilender Kraftdurchströmung.

Mit der ergänzenden Meditations-CD *Das Vaterunser als Chakra-Meditation* (Verlag Trudi Thali) können auch Sie entdecken, wie dieses einzigartige, kostbare Gebet in Verbindung mit den Chakras Ihr Leben bereichert. Aus vielen dankbaren Zuschriften durfte ich entnehmen, wie die Heilkraft dieser Meditation körperliche und seelische Beschwerden gelöst hat. Auch auf meinem eigenen Weg begleitet mich diese Meditation täglich. Seit im Jahr 1992 dieses Buch, mein Erstlingswerk, veröffentlicht wurde, ist jeden Tag neue Kraft in meinen Energiekörper geflossen, damit ich als Autorin und Therapeutin weiter zum Wohle anderer wirken konnte. In diesen sieben Sätzen liegt eine überaus geheimnisvolle Kraft, denn in ihnen sind die geistigen Gesetze des Himmels und der Erde verborgen. Mehr denn je brauchen wir in den Herausforderungen unserer Übergangszeit seelische Nahrung. Daher habe ich mich entschlossen, dieses Buch zu überarbeiten und für Sie, liebe Leserinnen und Leser, neu aufzulegen. Möge diese Meditation mit dem VATERUNSER, erlebt in Ihren sieben Chakras oder Energiezentren, auch als wahrer Balsam in Ihrem Leben wirken.

Vitznau am Vierwaldstättersee, Herbst 2015

Trudi Thali

Einleitung

Nach dem geistigen Erwachen des neuen Denkens der letzten beiden Jahrzehnte war ich wie viele andere Menschen auf der Suche nach dem Mysterium, das hinter der materiellen Welt verborgen ist. Mir fehlten in der traditionellen, dogmatischen Religionsvorstellung Anweisungen für eigene Erfahrungen auf dem spirituellen Weg. Zu viele Ungereimtheiten versperrten mir den Weg zu einer persönlichen, echten Gotteserfahrung. Ich begann regelmäßig zu meditieren und konnte aus dem Wissensschatz der östlichen Mystik Anweisungen entnehmen, die mir neue Wege geöffnet haben in die Tiefe meines Seins.

Damals war noch wenig über den Energiekörper und die Chakras bekannt. Glücklicherweise flossen uns in dieser Zeit jedoch enorm viele Informationen aus allen Teilen der Erde zu. Besonders aus dem Wissensschatz der östlichen Mystik wurde dem Westen eine Bereicherung zuteil, die unser Verständnis für die subtilen Zusammenhänge mit neuer Kraft aufzuladen vermochte. Was in buddhistischen Klöstern über Jahrhunderte hinweg als Geheimwissen aufbewahrt worden war, fand nun auf einmal den Weg zu uns. Dieses alte Wissen hat unsere Anschauungen auf verschiedenen Gebieten verfeinert und ganz neue Dimensionen eröffnet.

Meditation begann auch bei uns eine wichtige Rolle zu spielen; sie erweiterte unsere Wahrnehmung der feinstofflichen Welt und bewirkte ein heilsames inneres Wachstum. Körper und Seele wurden nun mehr und mehr als eine unzertrennliche Einheit von unterschiedlichen Energieschwingungsebenen betrachtet. In dieser Zeit entwickelten sich verschiedene feinstoffliche Therapien, die mit Energie und höheren Schwingungen den Energiekörper verfeinern und harmonisieren. Homöopathie, Farben, Edelsteine, Reiki, Blütenessenzen und noch vieles mehr sind uns heute selbstverständlich geworden.

Bereichert durch dieses Wissen konnte ich in den vergangenen Jahren eine neue Heilmethode entwickeln, die *Lichtbahnen-Therapie*. Diese neue Heilmethode hat schon unzähligen Menschen Heilung gebracht und hat sich weltweit verbreitet. Eine Synthese zwischen altchinesischer Meridian-Lehre und der geistigen Dimension des Lichtes, fördert sie die Selbstheilungskräfte, stimuliert und harmonisiert durch eine einfühlsame, sanfte Berührung des Körpers die Lichtbahnen. Auf diese Weise wird die Grundlage geschaffen für körperliche und seelische Gesundheit.

Die globale Vernetzung der letzten Jahre hat viele bereichernde Synthesen hervorgebracht. So hat sich unter anderem eine Brücke gebildet zwischen östlichem und westlichem Denken. Insbesondere die religiösen Erfahrungen haben durch Meditation und Kontemplation eine neue Dimension erhalten. Wohl gab es im Laufe der Jahrhunderte auch bei uns einige große Mystiker, die Zugang hatten zur höchsten Einheit und uns Kostbarkeiten von Gotteserfahrungen hinterlassen haben. Nun scheint es fast so, dass in unserer Zeit auch breiten Schichten erlaubt ist, solche Erfahrung zu machen.

Mein eigener spiritueller Weg begann mit dem regelmäßigen Meditieren des VATERUNSER-Gebetes in den Chakras. Aus dem östlichen Wissensschatz war mir die Erkenntnis über die Chakras zugeflossen, die sieben Hauptzentren, die den Körper mit der notwendigen Lebensenergie versorgen. Sie sind es, die das seelische

Befinden auf unseren physischen Körper übertragen, denn sie sind mit den wichtigsten Körperdrüsen verbunden. Mit der Gabe der Hellfühligkeit geboren, begann ich vor vielen Jahren die Chakras wahrzunehmen und zu stimulieren. Doch fehlte mir das Wissen der Yogis. Intuitiv fing ich daher an, mein altvertrautes Gebet, das VATERUNSER, als Schutz in die Chakras hineinzubeten. Was sich mir dadurch nach und nach offenbarte, ist überwältigend. Es bewirkte in mir und in vielen Bereichen meines Lebens eine starke Transformation. Meine Erfahrungen bestärkten mich darin, dass meine Meditationsübungen mit dem VATERUNSER richtig und gut sind und auch für andere Menschen von Nutzen sein könnten. Lassen Sie mich von drei sehr positiven Erlebnissen berichten, die mich letztlich zum Schreiben dieses Buches bewegten.

Es war um die Weihnachtszeit, als ich eines Nachts wie durch einen elektrischen Schlag geweckt wurde. Ich hörte ein Knistern, das sich anhörte, als berührten sich Drähte unter Strom. Dann hatte ich ein herrliches, sprühendes, weißes Licht in meinem Dritten Auge. Ich konnte die Augen schließen oder offen halten, es war da. Ich versicherte mich auch, dass ich tatsächlich wach war und nicht träumte. Das weiße, strahlende Licht war von der Mitte her nach außen in Bewegung und bildete durch die verströmenden Lichtstrahlen sehr schöne, geometrische Muster. Ich war überwältigt von diesem Anblick.

Kurze Zeit danach wachte ich wieder nachts auf, diesmal durch einen Ton, einen Klang, der in meinem Kopf summte. Wieder hatte ich ein überwältigendes Licht in meinem Dritten Auge. Aus der Mitte kam ein gleichschenkliges Licht-Kreuz hervor, es näherte sich mir und stand ganz nahe vor meinen Augen. Es sprühte Lichtfunken von der Mitte heraus. Auch waren Buchstaben auf dem Kreuz - ich konnte sie leider nicht behalten, ich verstand sie auch nicht. Es waren vermutlich hebräische Buchstaben.

Ich schaute lange und war wieder überwältigt. Ein drittes Mal erschien mir wieder eines Nachts ein herrliches Mandala, wieder in schöner geometrischer Anordnung. Es kam näher und näher, bis ich Teil von ihm wurde und ganz in seine Mitte einging.

Ich empfand diese Erlebnisse als unerhörte Gnade. Ich dachte nur eines: *Wenn das Gott ist, was ich hier geschaut habe, dann ist Gott eine geometrische Lichtordnung.* Ich war damals sehr aufgewühlt, wusste nicht, mit wem ich über solche Erfahrungen sprechen konnte. Ich suchte in unzähligen Büchern nach ähnlichen Schilderungen. Die Antwort fand ich in der östlichen Mystik. Ich nehme heute an, dass mein Erleben durch die Entfaltung der Chakras mit der VATERUNSER-Meditation den Weg für die Kundalini-Energie öffnete.

Nach diesen Erlebnissen wusste ich, dass uns ein verborgenes Licht auf dem Lebensweg begleitet. Ich betete innigst, dass Er mich zu Seinem Werkzeug machen möge. So begann ich meine Erfahrungen, die Eingebungen, die mir in der VATERUNSER-Meditation zuflossen, aufzuschreiben. Ich tat dies auch in der Hoffnung, damit eine Brücke schlagen zu helfen zu anderen Weltreligionen.

Wenn die kosmische Ebene eine Idee verbreiten will, geschieht dies oft an verschiedenen Orten gleichzeitig. Ich war während meiner Arbeit über das VATERUNSER Ende der 80er Jahre immer wieder erstaunt darüber, dass es noch keine Literatur über das VATERUNSEr im Zusammenhang mit den Chakras gab. Zur selben Zeit arbeitete aber unabhängig von mir, kaum fünfzig Kilometer entfernt, Pfarrer Arnold Bittlinger am gleichen Thema. Ich empfinde ihm gegenüber auch heute noch eine tiefe Dankbarkeit für seine aufgeschlossenen Darlegungen als Theologe über diese neue Form des Betens. Ich bin überzeugt, dass dadurch ganz große, positive Kräfte entstanden sind und dass in jeder Seele die

Lichtenergien stark vermehrt wurden. Dieses Wissen soll nicht verloren gehen! Lange habe ich mich innerlich gesträubt, fand damals allerlei Ausreden, wie: »Warum gerade ich?« Meine innere Führung war aber nicht mehr zu verdrängen, sie mahnte mich immer stärker und zeigte sich mir auf wunderbarste Weise.

Schon eine einzige Kerze vermag jedoch einen dunklen Raum zu erhellen. Helfen auch Sie, liebe Leser, dass sich das Licht wieder ausbreitet und die Seelen der Menschen erhellt. Es braucht viele, viele Lichter, um die weltweiten Herausforderungen unserer Zeit zu meistern.

Die Kraft der Meditation

Das Wort »Meditation« stammt aus der lateinischen Sprache. *Meditari* heißt »nachsinnen«. Wir verstehen darunter eine betrachtende Zuwendung zu unserem innersten Wesenskern, zum göttlichen Funken in uns. Es ist ein nach innen gerichtetes Sammeln, welches völlig anders als das Nachdenken ist. Beim Nachdenken konzentrieren wir uns auf eine konkrete Begebenheit. Beim Meditieren wollen wir uns auf gar nichts konzentrieren; wir lassen die Gedanken fließen, lenken die Aufmerksamkeit auf einen kleinsten Punkt.

Das größte Hindernis, um zu den tiefsten Schichten unseres Seins zu finden, ist intellektuelles Denken. Dauernd werden wir von Gedanken überflutet. Wir brauchen unsere Gedanken für die Ordnung der irdischen Welt, orientieren uns und kreieren Gedankenenergien in der Raum- und Zeitdimension. Unsere Gedanken kreisen meistens um Zukünftiges oder Vergangenes. Dies hindert uns, zum einzig Wahrhaften zu gelangen: zum Hier und Jetzt. Durch die Tiefe der Meditation können wir diesen Punkt, der das Wahre in uns ist, erleben. Durch längeres Ausschalten des Gedankenflusses entsteht ein Zustand der Kontemplation. Am besten beobachten wir entspannt die Gedanken, und bald lösen sie sich von selbst auf. Mit der Zeit stellen sich während der Meditation im Dritten Auge wunderbare Farbvisionen ein, und das Betrachten solcher Visionen erleichtert das Ausschalten des inneren Geplappers, das Loslassen des Gedankenflusses, wesentlich. Durch die Meditation erblühen in unserem Bewusstsein viele positive Eigenschaften. Es entsteht eine entspannte, gelassene Grundstimmung. Die Kreativität und Intuition wird gefördert. Das Bewusstsein wird gestärkt durch Selbsterkenntnis und Offenheit. Im Zen-Buddhismus ist das Ziel der Versenkung das Erreichen eines unterschiedslosen Bewusstseins- und Empfindungszustandes. Es ist das Eintauchen ins Nichts, in die Leere oder in das ewige Tao. In der westlichen Mystik verstehen wir unter Meditation das Anstreben der Verbindung und Vereinigung mit dem Göttlichen in unserem tiefsten inneren Selbst.

Der Weg zur inneren Entfaltung öffnet sich nur durch regelmäßiges Üben. Jeden Tag, wenn möglich zur gleichen Zeit, setzen wir uns hin und suchen in einer entspannten Körperhaltung die innere Ruhe zu erlangen. Es ist eine Bereicherung, wenn wir uns für diesen Zweck einen geeigneten, ruhigen Platz einrichten. Ein sanftes Kerzenlicht, vielleicht auch wohlriechende Essenzen, eine schöne Blume und eine geeignete Sitzgelegenheit fördern die wohltuende Versenkung. Die Sitzgelegenheit soll die aufrechte Haltung der Wirbelsäule unterstützen. Am besten geeignet ist ein Meditationshocker, ein Kissen oder ein Stuhl ohne Lehne. Es bieten sich im Alltagsleben viele andere Gelegenheiten, die sinnvoll in dieser Weise genutzt werden können. Wartezeiten jeglicher Art eignen sich vorzüglich zur inneren Versenkung. Zur Meditation wird *jegliches* Tun, gleich welcher Art, das von einer liebevollen Betrachtung in Verbindung zum allem innewohnenden Göttlichen ausgeübt wird.

Es gibt einen *inneren* und einen *äußeren* Weg, die uns beide hinführen zur seelischen Reifung. Der äußere Weg ist verbunden mit körperlicher Bewegung. Spaziergänge, Wandern, wie auch Sport jeglicher Art können getragen sein von einer liebevollen Konzentration und entfalten unsere Seelenkräfte. Die Chakra-

Meditation mit den heiligen Mantras des VATERUNSERS dagegen
verlangt den inneren Weg, den Weg der Ruhe und Entspannung.
Verbunden mit der körperlichen Entspannung entsteht eine Beru-
higung des Denkens. Im meditativen Zustand sinken die Hirnfrequenzen in den Alpha-Zustand ab. Das normale Alltagsdenken
geschieht im Beta-Zustand. Der Alpha-Zustand ist eine regenerie-
rende Schwingungsebene. Das menschliche Gehirn besteht aus
der rechten Yin- und der linken Yangseite. Die rechte, weibliche
Seite ist Sitz des intuitiven, kreativen Denkens, der Gesamtschau.
Es sind dies Eigenschaften wie: Beschützen, Bewahren, Begren-
zen. Auch Träume, Gefühle und letztlich die Weisheit entstehen
durch eine aktivierte rechte Gehirnhälfte. Die linke männliche
Seite ist Sitz des rationellen, logischen Denkens. Der sprachliche
Ausdruck, das hierarchische Einordnen, Mathematik und Expansion haben ihren Ursprung in der linken Hälfte. Wir leben im
Westen in einer Zeit, in der dieser linken Hirnseite immer noch
weit mehr Aufmerksamkeit geschenkt wird als der rechten. Wen
wundert es, dass die Mutter Erde, das weibliche Prinzip dermaßen mit Füßen getreten worden ist, vor allem in den letzten
Jahrzehnten. Das weibliche Prinzip der schützenden, kontrahie-
renden Eigenschaften wurde weitgehend dem logischen, expansi-
ven Prinzip untergeordnet. Umkehr und Wandel sind angebahnt
und der Schutz der Natur, schlicht die Erhaltung der Lebensbasis
aller Lebewesen wird glücklicherweise heute wieder wachsende
Beachtung geschenkt. Vergessen wir aber nicht, dass die Denk-
weise keineswegs an das Geschlecht gebunden ist! Es gibt viele
Männer, die gerade durch die Meditation von Weisheit und einer
ganzheitlichen Sicht der Dinge erfüllt sind, und es gibt Frauen,
die sich nur dem logischen, rationellen Denken verpflichtet fühlen. Nun haben Messungen der Hirnströme gezeigt, dass in der
Meditation die Frequenzen wie erwähnt in den Alphazustand ab-

sinken, beide Hälften werden gleichgeschaltet, sie befruchten einander. Es entsteht eine ausgleichende, harmonisierende Schwingung. Durch die tägliche Meditation erfahren wir diese Harmonie in uns selbst. Wir werden zentrierter und strahlen den inneren Reichtum in unsere ganze Umgebung aus, den inneren Reichtum, der entstanden ist durch die Entfaltung des Lichtkörpers, durch die Öffnung der Lichtbahnen für das göttliche Licht, das jede Pore unseres Wesens zum Leuchten bringt. Durch das tägliche Üben sind wir immer mehr in der Lage, Momente solcher tiefen Ruhe zu erleben. Je öfter dieser Zustand der Stille herbeigeführt wird, desto mehr erfüllt sich das ganze Wesen mit einer tiefen, unaussprechlichen Freude.

Aus dieser entspannten Haltung heraus richten wir in der VATERUNSER-Meditation dann unsere Aufmerksamkeit auf die Chakras und beginnen unsere Anrufung an die höchste Quelle des Lichtes und der Liebe. Wir ziehen durch das Kraftgebet VATERUNSER kosmisches Licht in uns hinein, das unser ganzes Energiesystem mit Lebenskraft erfüllt. Es ist eine Kraft, die Liebe verbreitet, die feinste kosmische Schwingungsebene, aus der alles geschaffen wurde und noch immer wird. Die Ebene des Himmlischen Vaters ist Einheit, Vater-Mutter-Gott, Quelle des reinsten Lichtes, das alle Gegensätze in sich vereint. Die alten Chinesen nannten es das *Tao*, das Unbegreifliche, das tiefe Schweigen. Diese Ebene, aus der alles entsteht, die durch alles wirkt, nennt Jesus, unser großer Lehrer und Meister vertrauensvoll »Vater im Himmel«.

Tao ist leer,
in seinem Wirken aber unerschöpflich.
Ein Abgrund, oh,
es zeigt sich als der Ursprung
der abertausend Wesen.

Es dämpft ihren Eifer,
löst ihre Wirren,
mildert ihr Glänzen
und eint sie ihrem Staube

Tiefgründig, wie etwas Verborgenes.
Ich weiß nicht, woher es kommt.
Dem Himmel scheint es vorauszugehen.

Lao Tse[1]

Meditation und Mantra

Um überhaupt die Bedeutung eines Mantras verstehen zu können, sollten wir uns vor Augen halten, dass die ganze kosmische Schöpfung Schwingung ist. Es sind dies Schwingungen aus verschiedenen Frequenzen, hervorgehend aus der Einheit des göttlichen Lichtes.

Ich zitiere einen Ausschnitt aus einer Rede des größten deutschen Physikers Max Planck: »... *und so sage ich Ihnen nach meinen Erforschungen des Atoms dieses: Es gibt keine Materie an sich. Alle Materie entsteht und besteht nur durch eine Kraft, welche die Atomteilchen in Schwingung bringt und sie zum winzigsten Sonnensystem des Atoms zusammenhält... ich scheue mich nicht, diesen geheimnisvollen Schöpfer ebenso zu benennen, wie ihn alle Kulturvölker der Erde früherer Jahrtausende genannt haben: Gott.«*

»Im Anfang war das Wort - und das Wort war bei Gott.« Durch die Kraft des Wortes oder Klanges hat sich das Licht gebrochen, zersplittert und zerlegt in verschiedenste Schwingungsfrequenzen. Einige Frequenzen sind für unsere Sinnesorgane wahrnehmbar - nämlich gerade so viel, wie wir brauchen, um hier auf Erden überleben zu können. Das Mantra nun ist ein Wort oder ein Satz, in dem die Schwingungskraft eines reinen Gedankens mitschwingt. Dieser reine Gedanken steht im Einklang mit dem göttlichen Ursprung. Es sind heilige Worte, die in engster Verbindung mit dem Göttlichen vibrieren. In der östlichen Mystik wird bei-

spielsweise die Silbe OM als reinste Schwingungskraft betrachtet. Es soll dies das Mantra oder der Klang sein, aus dem die Welt erschaffen wurde. Es ist tatsächlich auch für uns westliche Menschen ein vorzügliches Mantra, um die Verbindung mit dem innersten Selbst, dem uns innewohnende Göttlichen herzustellen. Mit jedem einzelnen Atemzug verbinden wir uns mit dem Klang: OM-OM-OM. Ein wohltuender Ruhezustand wird sich alsbald einstellen.

Mantras erzeugen heilbringende Energiefelder. Auch die sieben Sätze des kraftvollsten aller Gebete, des VATERUNSERS, sind wirksame Mantras. Sie sind Ausdruck der großen kosmischen Gesetze auf allen Ebenen. Ihre Schwingungskraft lässt in uns ein Gefühl des Friedens und der Freude entstehen. Über die Chakras strömt Lebenskraft, Prana, als Nahrung für unsere Seele ein. Lichtenergie wird aus der kosmischen Ebene angezogen. Eine Durchlichtung findet statt durch das heilsame Strömen in den Lichtbahnen.

Wenn die Kraft des Klanges im Einklang mit dem göttlichen Urprinzip schwingt und eine äußere Form annimmt, entstehen harmonische, geometrische Muster, meist in der Form eines Mandalas oder Yantras. Der Mensch ist mit Körper und Seele ein Ausdruck der großen kosmischen Ordnung. Yantras oder Mandalas sind als Ordnungsprinzipien zu sehen, die im Makro- wie im Mikrokosmos wirken, sie sind somit als Kosmogramm oder als Psychogramm zu verstehen.

Wie schon erwähnt, lässt das Betrachten eines Yantras oder Mandalas in unseren tiefsten Schichten eine Schwingungsresonanz entstehen, die uns mit der göttlichen Kraft verbindet. Es können mit dieser Form von Kontemplation große Heilenergien geweckt werden. Das Wissen und die Feinfühligkeit für solche inneren Zusammenhänge sind in unserer Zeit weitgehend verloren gegangen. Wir finden aber in alten Schriften oder etwa den Rosettenfenstern in Kirchen noch Symbole, die an die inneren Zusammenhänge erinnern.

Diese harmonischen, geometrischen Bilder stellen eine Verbindung her zwischen der kosmischen Ordnung und der inneren Seelenstruktur. Die göttliche Weltenschöpfung besteht aus feinsten Energieschwingungen, die gleichsam in der geistigen wie in der materiellen Ebene wirken. In der Natur zeigen uns unzählige Blüten in ihren geometrischen Strukturen dieses kosmische Ordnungsprinzip des Mandalas und führen durch eine dankbare Betrachtung zur Einheit, zur seelischen Ganzheit.

Historische Quellen des Vaterunsers

Die Worte, die Jesus sprach, beruhen auf jüdischen Vorstellungen und Überzeugungen seiner Zeit, die später den christlichen Glauben geprägt haben. Das VATERUNSER ist keine Neuschöpfung, sondern eine vereinfachte Form von zwei wichtigen jüdischen Lobpreis- und Bittgebeten: des Quaddisch-Gebetes und des Achtzehn-Gebetes. Beide haben große Ähnlichkeit mit den Preisungen und Bitten, die im VATERUNSER an Gott gerichtet werden. Jesus schaute sich bei der Erschaffung des VATERUNSERS im jüdischen Gebetsschatz um. Er formte aber das Traditionelle um und er schuf ein Gebet mit signifikanten Äußerungen, die ein Ausdruck sind von seiner hochstehenden Spiritualität. Durch die intime Form der Anrufung des Vaters gibt er Zeugnis für eine innere und äußere Herzlichkeit. Er verstand alle Menschen als Geschöpfe des Vaters oder Königs, zu dem sie ein inniges, herzliches Verhältnis haben durften. Jesus war ein im jüdischen Gebetsleben verwurzelter Meister und Lehrer und übergab das VATERUNSER seinen Anhängern als Mustergebet, mit der Aufforderung, sich zurückzuziehen und im Stillen die Beziehung zum göttlichen Vater aufzunehmen.

Zur späteren jüdischen Tradition gehört das Wissen von der Kabbala. Obwohl die Kabbala erst im 12. Jahrhundert zur Blüte kam, knüpft diese Lehre an alte Traditionen an, die sich bis ins 2. Jahrhundert v. Chr. zurückverfolgen lassen. Die zehn Wirkungskräfte Gottes werden in der Kabbala bildhaft in der Form eines Lebensbaumes, bestehend aus 10 *Sefiroth,* dargestellt. Die Verbindungen der Sefiroth untereinander entsprechen den zweiundzwanzig Buchstaben des hebräischen Alphabets. In neuerer Zeit diente dieses System auch als Grundlage für die zweiundzwanzig Karten der Großen Arkana des Tarots. Die Kabbala bietet ein Schema, das zur Erforschung der physischen und metaphysischen Welt dient. Es geht um die philosophische Betrachtung, wie sich das weltschöpferische »Wort« manifestiert und verwirklicht. Auch in den uralten indischen, altgriechischen, alexandrinischen und christlichen Lehren bildet das »Wort« den Anfang aller Dinge. Das System der Kabbala ist ein immerwährender Versuch, die Geheimnisse Gottes zu ergründen und die Rolle des Menschen darin immer wieder neu zu definieren. Darunter versteht sich auch ein intensives Erleben der Anwesenheit Gottes, ein stetes Suchen nach der göttlichen Gegenwart, was den Schleier, der uns vom Lichte trennt, durchlässig machen kann.

Es scheint mir wichtig, diese Zusammenhänge aufzuzeigen, da das VATERUNSER aus einem übergeordneten kosmischen Wissensschatz stammt. Die sieben Chakras lassen sich gut in diese Darstellung kosmischer Ordnungskräfte einfügen. Der Lebensbaum trägt eine Krone, die ins Unendliche reicht, und die Wurzeln sind das »Reich«, die Verbindung zur Erde.

Im uns heute vorliegenden Neuen Testament verdanken wir die Überlieferung des wunderbaren VATERUNSER-Gebetes den Evangelisten Matthäus und Lukas. In biblischen Zeiten war im Nahen Osten Aramäisch die verbreitete Sprache. Es ist daher anzunehmen, dass Jesus Aramäisch sprach. Manche Forscher gehen auch davon aus, dass Teile der Evangelien ursprünglich in Aramäisch verfasst und erst später ins Griechische übersetzt wurden. Erst Mitte des 3. Jahrhunderts n. Chr. taucht die erste Übersetzung des Neuen Testamentes in lateinischer Sprache auf. Im 4. Jahrhundert n.Chr. übersetzte der bedeutende Lehrer seiner Zeit, Hieronymus, nicht nur den größten Teil des Alten Testamentes ins Lateinische, im Auftrage des Papstes Damasus erhielt er auch den Auftrag zur Neubearbeitung der lateinischen Bibel, der lateinischen *Vulgata*. Es gab damals im Verlaufe der Jahrhunderte nach dem Tod von Jesus viele religiöse Ausrichtungen, und nicht alle Strömungen erhielten Einzug in die vier Evangelien. Diese ausgesonderten Schriften werden als *Apokryphen* bezeichnet.

Das Aramäische ist eine bildhafte Sprache. Mich haben die Übersetzungen aus dem Aramäischen von E.B. Székely tief berührt. Aus dem *»Friedensevangelium der Essener«*, deren Gemeinschaft Jesus nach Auffassung des Autors offenbar angehörte, leuchtet eine zutiefst ergreifende Spiritualität. In diesen Schriften kommt zum Ausdruck, wie sehr Jesus mit den Kräften der Natur, mit den Kräften der Engel und den heiligen Strömen der Naturgesetze vertraut war. Er nannte seine Jünger »Söhne des Lichts«. Er lehrte sie, im Einklang mit den Kräften der Mutter Erde, mit den Kräften des Himmlischen Vaters zu leben. Die ursprünglichen Schriften, auf denen diese Übersetzungen basieren, liegen im Vatikan. Aus ihnen geht hervor, wie Jesus im Kreise seiner Gemeinschaft lebte und wirkte. Er unterwies seine Jünger, wie sie mit den Wirkungsweisen der Engel umgehen sollten, und er lehrte sie, wie die wesentlichen Kräfte, der Himmlische Vater und die Erdenmutter, alles Lebendige hervorbringen, wie Geist und Körper aus ihnen geformt werden und der Mensch eingewoben ist in diesen Energiefluß.

Die Voraussetzung für ein langes Leben in Harmonie mit den kosmischen Gesetzen ist ihre Beachtung im Alltagsleben. Das oberste Prinzip ist die Liebe. Alles, was gegen dieses Prinzip verstößt, schafft destruktive Kräfte. Die Liebe zu Gott und die Liebe zum Mitmenschen, zu allen Geschöpfen ist das oberste Gebot.

Ganz in diesem Sinne überlieferte uns Jesus das schönste Gebet, das VATERUNSER. Es war in seinem Sinne, dass die Menschen sich freuen sollten an der Gesundheit, an ihrer Vitalität und an einem langen Leben. Verborgen in diesem großen Gebet sind die kosmischen Gesetzmäßigkeiten, die im Makrokosmos wie im Mikrokosmos gleicherweise wirken.

Hier ein Ausschnitt aus dem *Friedensevangelium der Essener*:

> *»... Und eure Erdenmutter und euer Himmelsvater wer-*
> *den euch ihre Engel schicken, um euch zu lehren,*
> *zu lieben und zu dienen. Und ihre Engel werden die*
> *Gebote Gottes in euren Kopf schreiben, in euer Herz*
> *und in eure Hände, damit ihr die Gebote Gottes wisst,*
> *fühlt und tun könnt.*
> *Und betet jeden Tag zu eurem Himmlischen Vater und*
> *eurer Erdenmutter, damit eure Seele vollkommen wird,*
> *so vollkommen wie der Heilige Geist des Vaters es ist,*
> *und dass eure Körper so vollkommen werden wie*
> *der Körper eurer Erdenmutter vollkommen ist.*
> *Denn wenn ihr die Gebote versteht, fühlt und ausführt,*
> *dann wird euch alles, um was ihr bittet, von eurem*
> *Himmlischen Vater und der Erdenmutter gegeben*
> *werden. Denn die Weisheit, die Liebe und Macht*
> *Gottes sind über allem. Betet darum auf diese Weise*
> *zum Himmelsvater:*
>
> *Unser Vater, der Du bist im Himmel*
> *geheiligt werde Dein Name.*
> *Dein Reich komme.*
> *Dein Wille geschehe,*

auf Erden wie im Himmel.
Gib uns heute unser tägliches Brot.
Und vergib uns unsere Schulden,
wie wir unsern Schulnern vergeben.
Und führe uns nicht in Versuchung,
sondern erlöse uns von dem Bösen.
Denn Dein ist das Reich,
die Macht und die Herrlichkeit immerdar.
Amen.«[2]

Der ganzheitliche Mensch

Ich vergleiche den ganzheitlichen Menschen gerne mit einer brennenden Kerze. Der Docht, verankert im Kerzenwachs, ist wie der physische Körper, der aus der Erdenkraft hervorgeht. Die Flamme, die sich aus unterschiedlichen Farben zusammensetzt, macht die Kerze erst zum Lichtspender. Genauso wird der Mensch erst durch den feinstofflichen, unsichtbaren Lichtkörper zu einem lebendigen Wesen. Die brennende Kerze erzeugt Wärme. Auch wir erzeugen Wärme nur solange, wie der Geistkörper in und um uns wirkt. Die Flamme der Kerze braucht Sauerstoff, ohne ihn gibt es kein Licht. Auch wir sind abhängig von der Wirkungsweise der göttlichen Schöpferkraft - feinste Lichtkraft, die alles in Schwingung bringt, ohne die nichts wäre.

Dieser Vergleich kann dazu dienen, dass wir uns den feinstofflichen Körper, der uns mit Lebenskraft versorgt, leichter vorstellen können. Wir leben mitten in einem großen, den physischen Augen verborgenen Energiekörper, der unterschiedliche Schwingungsfrequenzen aufweist. Dieser wunderbare Lichtkörper verbindet unser geistiges Sein mit dem physischen Leib und schenkt ihm Lebensenergie.

Ich beginne bei der höchsten Schwingungsfrequenz: dem *Spirituellen Körper.* Auf dieser Schwingungsebene sind wir verbunden mit dem göttlichen Urgrund. Es ist die Ebene des Himmlischen Vaters, die All-Liebe, aus der unaufhörlich jegliche Lebenskraft strömt, feinste Lichtpartikel, bereit, alles Lebendige mit der Erdenkraft zu schaffen. Es ist die Quelle der unendlichen Liebe, aus der wir alle Lebenskraft erhalten. Diese Ebene kennt keinen Raum und keine Zeit, hier ist alles im Alleinen vereint.

Der *Mentalkörper*, der Träger der Gedankenenergien, ist die nächste Schwingungsfrequenz, in stetem Austausch mit der spirituellen und materiellen Ebene. Wir werden selbst zum Schöpfer durch die Gedankenkräfte: Sie erzeugen Resonanzfelder die sich nach und nach materialisieren können. Bedenken wir, dass wir durch liebendes Denken die stärkste Resonanz zur göttlichen Quelle bilden. Alles, was gegen die Liebe ist, verschließt sich gegen diese Kraftquelle. Ein steter Austausch findet statt mit andern Menschen, mit Tieren, mit der Natur und auch mit der geistigen Welt der Engel - durch die Wahl der Gedanken.

Die Gedanken stimulieren nun unseren *Emotionalkörper*. Er ist der Träger und Speicher unserer Gefühle. Wiederum sehen wir, welch wichtigen Stellenwert die Gedanken haben - sie bilden die negativen oder positiven Gefühlsmuster. Positive Gedanken sind Träger von Lichtkraft und haben einen wohltuenden Einfluss auf unseren gesamten Energiekreislauf mit allen Lichtbahnen. Negative Gedanken verschließen uns gegen die Quelle der Lebenskraft, und es entstehen Blockaden im harmonischen Strömen des Lichtes in den Energieleitbahnen. Die Liebe ist die stärkste aufbauende Kraft.

Den am engsten mit unserem physischen Leib verwobenen feinstofflichen Körper nennen wir *Ätherischen Körper*. Er ist wie ein Double des Körpers, strahlt aber ein helles Licht ab, das ein paar Zentimeter über den Körper hinausreicht. Wie der physische Körper über Blutgefäße verfügt, so hat diese Ebene ein Verteilernetz, das unseren Körper ganz durchzieht. Es sind die bereits erwähnten Lichtbahnen oder Meridiane und Nadis, die den Körper mit Lebenskraft versorgen. Eine wichtige Funktion in der

Energieversorgung des Körpers erfüllen hier auch die Chakras. Darauf werde ich noch näher eingehen. Durch die von mir entwickelte Lichtbahnen-Behandlung ist es nun möglich, den ganzen Energiekreislauf anzuregen, Blockaden zu lösen und den ganzen Menschen körperlich und seelisch wieder ins Gleichgewicht zu bringen. Dabei wird der Körper durch einen bestimmten Ablauf von Berührungen stimuliert, um blockierte Lebenskraft wieder ins Fließen zu bringen. Licht und Lebensenergie können auf diese Weise ihre heilende Wirkung entfalten.

Der *physische Körper* ist die sichtbare Schwingungsebene unseres Seins. Ein Wunderwerk von Zellen, Organen und Stoffwechselvorgängen bildet ein ganzes, zusammenhängendes System. Obwohl der sichtbare Körper nur ein kleiner Teil unseres Seins darstellt, dient er uns wunderbar in diesem vergänglichen Erdenleben. Als verdichtete Frequenz ist der Körper an Raum und Zeit gebunden. Umgeben und durchdrungen von den oben genannten Energiekörpern wird er mit feinstofflicher Lebenskraft belebt. Hier findet eine Verschmelzung von Geist und Materie statt. Nur wenn der sichtbare Körper harmonisch von Licht und Kraft durchströmt ist, bleibt er bei guter Gesundheit. Chakras und Lichtbahnen sind die Hauptpforten für Licht und Lebensenergie. Wo findet nun eigentlich die Somatisierung der Gefühle statt? Wir wissen, dass der Körper ganz subtil auf unsere Gefühle reagiert. Dies geschieht über die *Chakras*. Sie haben eine ganz zentrale Stellung in der Energieversorgung des Körpers und sind jeweils Hauptdrüsen zugeordnet. Sie bilden die Schaltstellen, wo Lebenskraft verteilt wird. Wir befassen uns hier mit den sieben Hauptchakras, die alle eng mit den wichtigsten Körperdrüsen verbunden sind. Ein subtiles Wechselspiel findet hier statt zwischen dem seelischen Befinden und hormonellen Funktionen. Unser Wohlbefinden wird auf feinste Weise durch Gedanken und

Der ganzheitliche Mensch

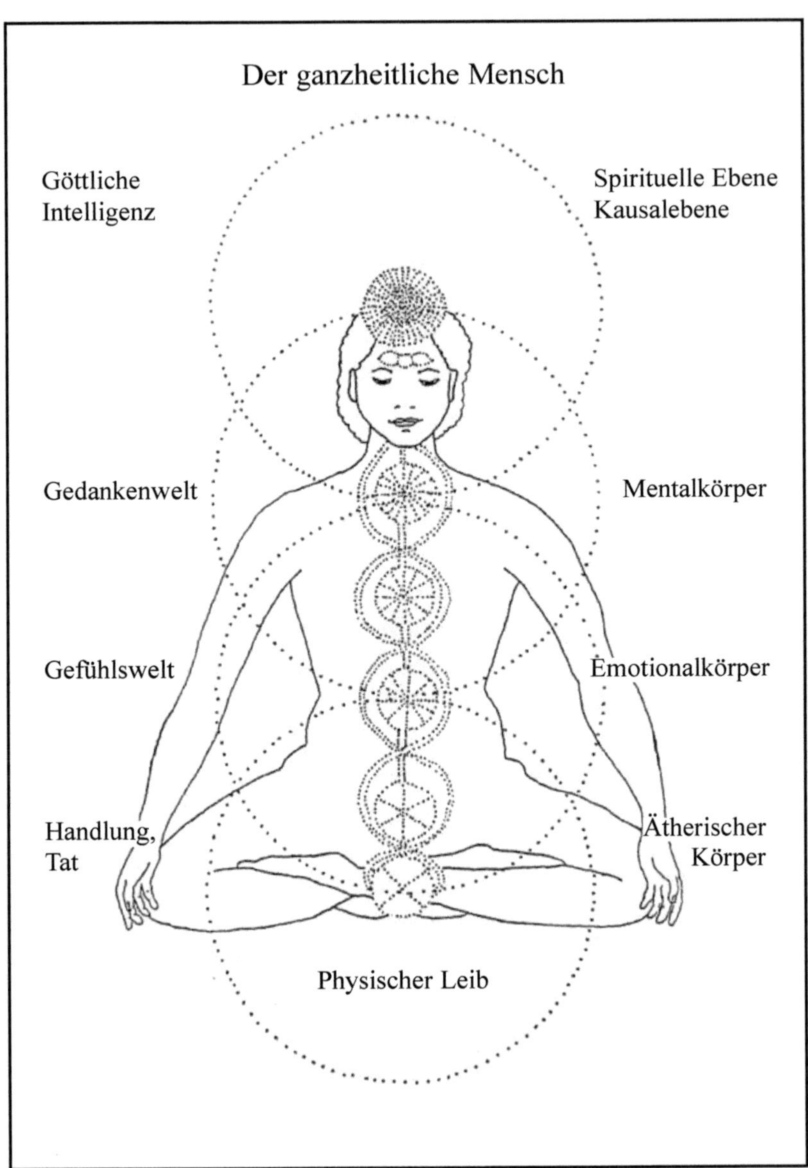

Gefühle mitbestimmt. Das emotionale, seelische Befinden materialisiert sich hier. Durch die Chakras werden die Gefühle übertragen auf die Drüsen, Hormone gelangen ins Blut, und die ganze Persönlichkeitsstruktur hängt von der Lichtdurchströmung in den Chakras und der feinen Zusammensetzung der Hormone ab.

Das Wort *Chakra* stammt aus dem Sanskrit und bedeutet „Rad". Diese Lichträder transmittieren Licht und Lebensenergie von der höchsten Ebene in den materiellen Körper. In der Lichtbahnen-Therapie legen wir Wert darauf, dass alle Chakras geöffnet sind, also im Uhrzeigersinn drehen. Wenn dies nicht der Fall ist, bringen wir sie mit einer entsprechenden Handbewegung in eben diese Drehordnung, die dem Aufbau der Lebensenergie dient. Jedes Chakra hat eine unterschiedliche Schwingungsfrequenz, von unten nach oben verfeinert sich die Schwingung immer mehr. Das unterste Chakra mit Sitz am tiefsten Punkt der Wirbelsäule öffnet sich durch die Beine und Füße hin zur Erdenkraft, die anderen vier öffnen sich auf der Vorderseite des Körpers wie Blumen in leuchtenden Regenbogenfarben. Zwei Chakras befinden sich am Kopf: eines ist das Dritte Auge auf der Stirnseite, das andere öffnet sich zur kosmischen Ebene auf dem obersten Punkt des Kopfes, dem Scheitel. Die Wirkungskräfte der Mutter Erde vereinen sich so mit denen des Himmlischen Vaters und versorgen den Menschen mit Kraft und Vitalität.

Die Chakras sind miteinander verbunden durch zwei seitlich verlaufende Bahnen und eine mittlere Bahn. Die zwei seitlichen Bahnen winden sich spiralförmig um die Chakras empor. Es sind die positiv geladene Sonnenbahn *Pingala* und die negativ geladene Mondbahn *Ida*. Sie haben eine Affinität zum Sympathikus und Parasympathikus unseres vegetativen Nervensystems. Der mittlere Kanal *Shushumna* ist Träger und Leiter der Kundalini-Energie. Diese kraftvolle Energie hat ihren Ausgangspunkt im Basischakra, im untersten Wirbel des Steißbeins. Findet diese wunderbare, weibliche Energie die Chakras geöffnet, durchströmt und durchflutet sie ein Zentrum nach dem anderen, bis sie sich im Scheitelzentrum mit der göttlichen Lichtenergie vereint. Diese Erfahrung bringt dem Betroffenen ein Lichterlebnis von überwältigendem Ausmaß. Die Vereinigung der Erdenenergie mit der spirituellen Energie wird im Symbol des Caduceus oder Merkurstabes dargestellt. In der christlichen Symbolik stellt die Taube die spirituelle Energie dar und die Schlange die Erdenenergie. Die Vereinigung kann als kosmische Vermählung betrachtet werden, in der sich die Erdenmutter mit dem Himmelsvater vereint. So wurde in alten Kulturen die Erdenmutter verehrt, sowohl als Lebensspenderin wie auch als geistiges Prinzip. In jedem von uns ist diese Vereinigung mit der Quelle des Lichtes angelegt.

Ein von Licht und Liebe durchfluteter Mensch leuchtet heilsam in seine ganze Umgebung. Keine Zeitepoche brauchte so dringend Menschen, die das göttliche Licht in sich tragen, wie die heutige! Jesus Christus hat uns mit dem Kraftgebet des VATERUNSERS einen Schlüssel gegeben, durch den wir die Pforte öffnen können zur kosmischen Lichtkraft, zum Himmlischen Vater. Diese Kraft lassen wir dann in unseren Körper hineinströmen. Wir ziehen sozusagen die Liebeskraft aus der Ebene des Schöpfers von oben in uns herein. Das bringt uns nicht nur Lebenskraft und Freude, sondern auch eine unaufhaltsame seelische Entwicklung. Jedes Chakra oder Energiezentrum wird entwickelt und geöffnet und erstrahlt wie eine Lotosblüte in den reinsten Farben. Die Entfaltung der Tugenden und eine Verfeinerung des ganzen Wesens sind die reichen Früchte der VATERUNSER-Meditation. Wir kommen dem Ziel der Ganzheit, der Zentriertheit immer näher. Geistesgaben werden geweckt, die in jedem von uns schlummern und nur darauf warten, entdeckt zu werden!

Die sieben Chakras oder Energiezentren

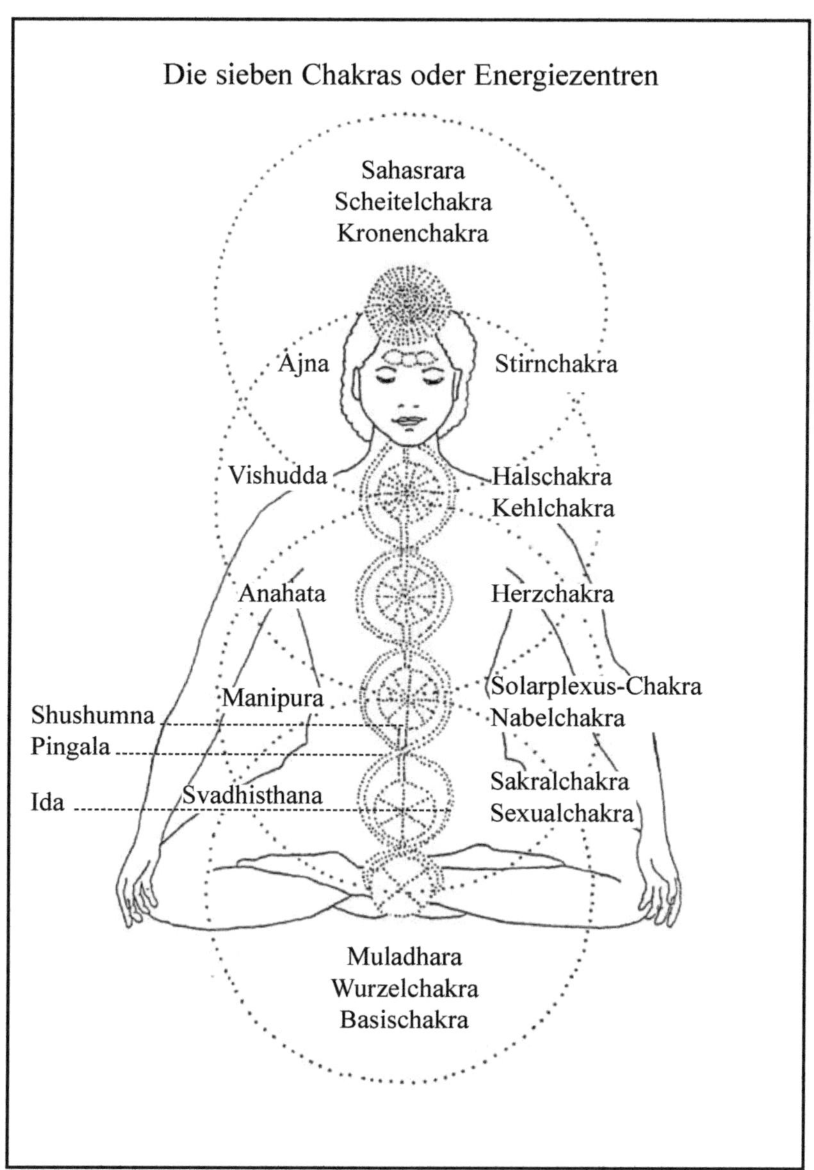

Trotz der vielen globalen Herausforderungen gehen wir einer lichtvollen Zeit entgegen, denn es entsteht eine Kultur, die auf die geistig-seelische Entwicklung hohen Wert legen wird. Bei allen Problemen ist es tröstlich zu wissen, dass das Wassermannzeitalter schon jetzt eine ganz große Transformation herbeigeführt hat. Sehr viele Menschen sind auf dem Weg der spirituellen Entwicklung. Das Interesse und die Suche nach dem Sinn eines von spirituellen Werten geleiteten Lebens sind in den letzten Jahren enorm gestiegen. Die Ablösung aus dem verkrusteten, materiellen Denken wird jedoch kaum ohne Schmerzen vor sich gehen. Zu viele Menschen bangen mit kurzsichtiger Profitgier um ihre Machtposition. Im Tarot zeigt uns das Bild des TURMS, was geschehen muss, wenn eine neue Bewusstseinsebene erreicht werden soll. Wenn aber einmal die Verbindung zur göttlichen Seinsebene hergestellt ist, entsteht eine Geborgenheit, die ein unerschütterliches Vertrauen zur inneren Führung bewirkt. Täglich erfahren wir dann: Gott ist in mir und ich in Ihm.

Fließender Atem

Der Atem hat im Energiesystem des Menschen eine ganz zentrale Bedeutung. Mit dem ersten Atemzug fängt das selbständige Leben an, und mit dem letzten Atemzug löst sich der feinstoffliche Körper vom irdischen Leib und der Lichtkörper wird von unten nach oben aus dem Leib weggetragen. Durch den Atem strömt der lebensnotwendige Sauerstoff in die Lungen. Beim Ausatmen scheiden wir Verbrauchtes in Form von Kohlendioxid aus. Das ist die körperliche Ebene.

Es geschieht aber durch das Atmen mehr als nur dies. Wir führen durch den Atem auch Lebensenergie in den feinstofflichen Körper. Prana, Ch'i oder Ki sind verschiedene Bezeichnungen für diese unsichtbare Kraft. Wir schöpfen aus der Luft einen wesentlichen Teil unserer Lebensenergie, hinzu kommt die Energie aus der Nahrung. Nach der chinesischen Lehre wird die Energie aus der Nahrung über die Milz ausgewertet, und über die Lunge wird dann Lebensenergie in den zirkulierenden Kreislauf der Meridiane oder Lichtbahnen eingespeist. Atem und Nahrung sind also zwei wichtige Quellen für Lebensenergie. Aber das ist noch nicht alles. Wir sind mit unserem Lichtkörper in der Lage, aus der höchsten Quelle *Licht* aufzunehmen. Diese Lichtaufnahme erfolgt über den zuvor beschriebenen *Spirituellen Körper*. Meditation und Gebete sind die Grundlage, um diese Quelle zu erschließen. Hier bietet die nachfolgende VATERUNSER-Meditation eine wunderbare und offenbar ungemein hilfreiche Grundlage für die Entfaltung des Lichtkörpers. Dies wurde mir auch von Menschen berichtet, die von Lichtnahrung leben, was ihnen dank dieser überaus lichtvollen Meditation gelungen ist.

Leider atmen viele Menschen zu flach. Der Bauchbereich ist dann hart und verkrampft. Es gelingt vorerst gar nicht, in die Tiefe des Bauches hineinzuatmen. Durch bewusstes Hinlenken des Atems wird es nach und nach möglich, die Blockaden aufzulösen und auch schmerzhafte Körperstellen dann durch bewusstes Hinlenken des Atems vermehrt mit Energie zu versorgen.

Eine warme, erleichternde Empfindung ist sofort wahrnehmbar. Der Atem sollte von den Haarspitzen zu den Zehenspitzen zirkulieren. Wir verbinden die Erdenenergie vom Becken hinauf über den Rücken bis zum Scheitelchakra mit den Lichtenergien des Himmlischen Vaters. Wir öffnen uns von unten nach oben und von oben nach unten. Ein solches tiefes Atmen fördert die uneingeschränkte Versorgung mit Lebenskraft und Vitalität.

Jede Meditation sollte vorbereitet werden durch eine entspannte Körperhaltung und ein ruhiges fließendes Atmen. Verspannte Muskeln können wir lockern durch Anspannen und Loslassen. Wir stellen eine bewusste Verbindung her zu jedem Teil unseres Körpers, lockern ihn und empfinden Dankbarkeit ihm gegenüber. Der Körper ist unser Instrument, uns gegeben, um unser Erdendasein erleben und gestalten zu können.

Bevor wir uns durch die Meditation dem Himmlischen Vater zuwenden, atmen wir tief ein: Wir versuchen dabei, den Atem zu begleiten, und beobachten, wie er in unserem Körper Bewegung erzeugt. Wir füllen unseren Bauch und unsere Brustregion bis zum Kopf und atmen wieder aus vom Kopf zur Brust bis zur Tiefe des Bauches. Durch das gründliche Ausatmen machen wir bewusst Platz für die mit Lichtenergie angereicherte Atemluft. Das bewusste Atmen von unten nach oben und von oben nach unten hüllt uns ein in einen harmonischen Kreislauf, der uns ganz ausfüllt und mit viel Licht anreichert. Es kann durchaus geschehen, dass uns allein durch den Atem so viel Lichtenergie zugeführt wird, dass es intensive emotionelle Reaktionen gibt. Tränen fließen durch das Einströmen der höheren Schwingungsfrequenzen. *Es soll geschehen.* Viele Schmerzen und Ängste, die im Emotionalkörper vorhanden sind, werden dadurch aufgelöst. Tränen sind ein wunderbarer Reinigungsvorgang!

Denken wir immer wieder daran, dass alles, was dem Prinzip der Liebe zuwiderläuft, auch in unserem Energiesystem Blockaden verursacht. Alles, was gegen die Liebe verstößt, verdunkelt und hindert die Lichtenergie daran, ganz in uns einzuströmen. Die VATERUNSER-Meditation wird uns helfen, frei von negativen, blockierenden Gedanken und Gefühlen zu werden.

Fließender Atem

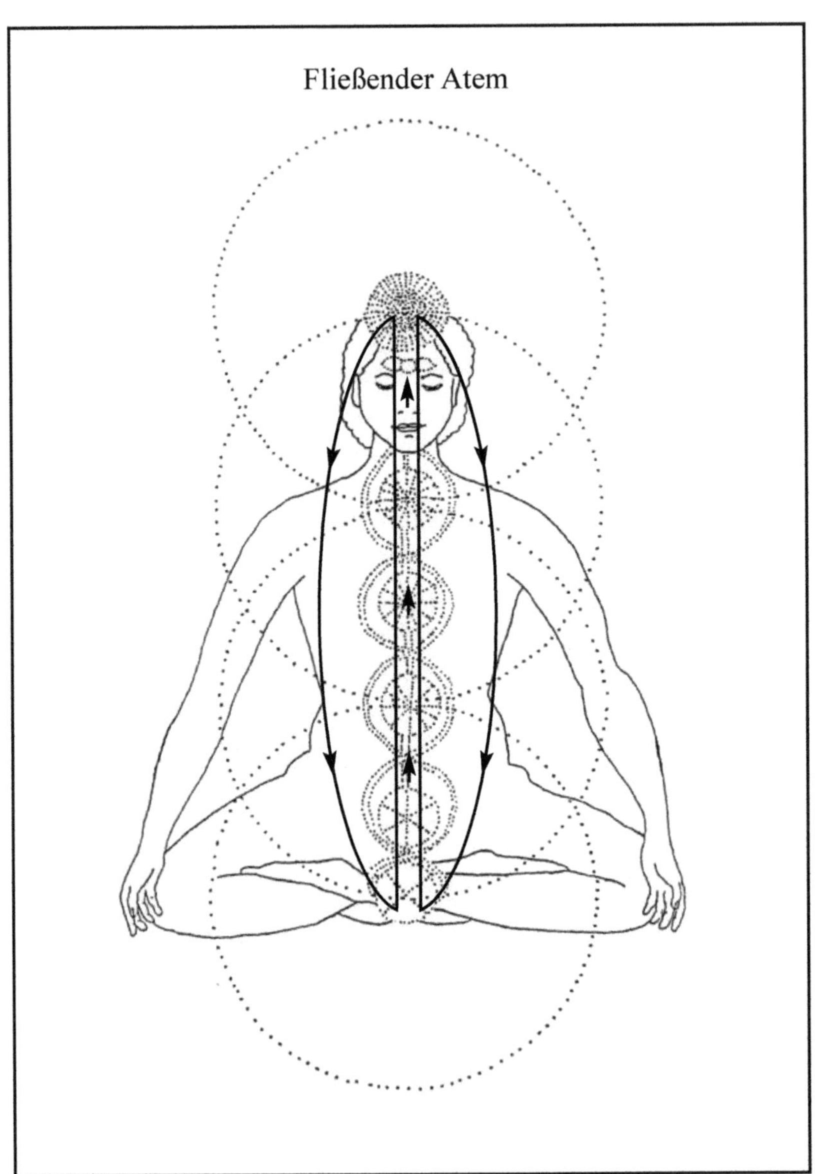

Das Vaterunser
im Lichte der Chakras

Vater unser, der Du bist im Himmel

Die sieben Sätze des höchsten Gebetes der Christenheit spiegeln die geistigen Gesetze des universellen Makrokosmos im Mikrokosmos unseres Körpers. Mit dieser neuen Form des Betens werden die sieben Sätze des VATERUNSERS mit den sieben Chakras verbunden. Dadurch werden die Chakras entfaltet und der Lichtkörper zur höchsten Quelle des Lichtes geöffnet. Das Gebet wird zu einer tiefen spirituellen Erfahrung, und die Lichtdurchströmung wird für jeden Meditierenden aus der Stille heraus wahrgenommen. In diesen sieben Sätzen ist *alles* zwischen Himmel und Erde enthalten.

Wir haben uns durch bewusstes Atmen vorbereitet. Die innere Ruhe hat sich ausgebreitet. Aus diesem Zustand der Geborgenheit lenken wir unsere Aufmerksamkeit zum obersten Punkt des Kopfes, zum *Kronen- oder Scheitelchakra*. Wir lenken die Schwingungskraft des ersten Mantras des Gebetes in dieses Zentrum. Wir wenden uns hin zur höchsten Kraft der Einheit, zur Kraft des ungeteilten Lichtes, die alles in sich enthält. In ihr ist alle gütige Weisheit, in ihr ist die ganze Lebensenergie, die uns nährt, durchlichtet und unsere spirituelle Entwicklung entfaltet. Diese schöpferische geistige Energie ist eine ungeteilte Kraft, Vater-Mutter-Gott. Durch das Scheitelchakra strömt diese Kraft in uns ein, denn das Scheitelzentrum ist die Pforte der spirituellen Lichtenergie. Durch das Öffnen dieses Chakras werden wir zum Gefäß für jene Kraft, die alles durchlichtet und mit Leben erfüllt. Es ist die Quelle des Lichtes, die sich immer wieder in unzählige Formen und Farben ergießt und alles vor uns ausbreitet. Die Ebene des Vaters jedoch ist noch eigenschaftslos, formlos, ist göttliches Sein. Sie ist nicht an Zeit und Raum gebunden, kennt weder Vergangenheit noch Zukunft. Sie ist eine vibrierende Lichtkraft, bereit, sich zu verströmen, sie ist der Urgrund der ganzen Schöpfung, und aus ihr geht jegliche materielle Manifestation hervor. Aus diesem Urgrund allen Seins kommen die Seelen und kehren nach dem Erdenleben wieder dorthin zurück, zurück zum Himmlischen Vater. Im innersten Selbst wissen wir um die Leichtigkeit dieser Ebene und sehnen uns danach zurück. Was wir »Himmlischer Vater« nennen, ist der Schöpferimpuls, das ewige ICH BIN.

Unfassbar ist für uns die Vorstellung dieser Lichtkraft. Das geistige Prinzip hat seine Entsprechung im großen kosmischen Spiel des Weltalls. Die unendliche Ausdehnung, die wir uns mit unseren Sinnesorganen nicht vorstellen können, ist der Himmel. Hinter all diesem Unfassbaren wirkt eine sich immer erneuernde Licht- und Kraftquelle. Wir finden das gleiche Prinzip für uns vorstellbar in unserem Sonnensystem: Die Sonne wirkt hier als Kraftspenderin, sie versprüht ihre Kraft, ihre Wärme, ihr Licht ohne Bedingungen. Ohne sie gibt es kein Leben.

Auf wunderbare Weise kreisen die Planeten in ihren Bahnen. Alles schwingt in einer herrlichen Harmonie. Der Mensch ist durch den ersten Atemzug in dieses Schwingungsmuster eingebettet und bleibt sein ganzes Leben lang unter dem Einfluss der kosmischen Rhythmen. Wären unsere Ohren ausgerüstet für ein

Vater unser, der Du bist im Himmel

breiteres Spektrum von Tonfrequenzen, könnten wir die Schwingungsmusik der Planeten hören. Wie die Sonne ein Abbild eines größeren Prinzips ist, ist der Mensch wiederum ein Abbild des kosmischen Musters. Er atmet im Rhythmus der großen Ordnung. Immer trägt das Kleine das Abbild des Größeren in sich. Es sind kosmische Gesetze, die alle Weisheit, alle Intelligenz vereinen. Bis in die kleinste Zelle des menschlichen Körpers wirkt diese kosmische Intelligenz, und auch unser Körper spiegelt bis in die kleinste Zelle das Große. So finden wir den ganzen Menschen abgebildet im äußeren Ohr, in der Iris der Augen, in der Handfläche und so weiter. Bis in die kleinste Zelle wirkt die von Liebe getragene kosmische Intelligenz.

Durch das Kronenchakra treten wir in Berührung mit dieser wunderbaren, liebenden Kraft, unserem Vater, der im Himmel ist. Hier ist die Pforte zur unerschöpflichen Quelle der Lichtkraft, die stets bereit ist, unserem Köper durch die Lichtenergie Kraft und Wohlbefinden zu schenken. Durch das stete Hinwenden zur unendlichen Liebeskraft des Himmlischen Vaters öffnen wir das Scheitelchakra. Ein geöffnetes Scheitelchakra hat zur Folge, dass die Zusammenhänge zwischen äußeren Begebenheiten und innerem Befinden immer klarer erkannt werden. Wir erkennen, dass das Äußere ein Spiegel ist für das Innere. Durch das Öffnen zur göttlichen Weisheit werden wir zu einem Gefäß, das gefüllt ist mit Liebe und Lebensfreude. Ein ungebrochenes Vertrauen in eine wohlwollende Kraft, die uns leitet und führt, breitet sich aus. Es gibt keine Zufälle mehr, sondern wir erkennen, was uns zufällt, ist, was die Führung zeigen und vermitteln will. Immer mehr öffnet sich der Zugang zu einem intuitiven Wissen, das von Weisheit erfüllt ist. Das Einssein mit allen Kreaturen, mit der ganzen Schöpfung wird dermaßen intensiv erlebt, dass ein Bedürfnis nach Umarmung und Verschmelzung mit dem Ganzen entsteht. Verständnis und Toleranz als seelische Grundstimmung entwickeln sich stetig. Als leeres Gefäß nehmen wir die Lichtkraft in uns auf. Wenn sie ungehindert fließen kann, entsteht eine absolute, ekstatische Freude, ein Gefühl äußerster Glückseligkeit und eine alles durchdringende Lebensfreude.

Solange das Scheitelchakra geschlossen ist, fehlt das Vertrauen in eine wohlwollende, lenkende Kraft. Es bestehen seelische Nöte wie mangelndes Selbstvertrauen, Verunsicherung und die Fluchttendenz in übertriebene Aktivitäten, denn unbewusst weiß der Mensch um den Mangel an seelischer Nahrung und sucht sie in allen möglichen Bereichen. Da der Durchblick für die inneren Zusammenhänge fehlt, werden die Mitmenschen für die eigenen Nöte verantwortlich gemacht oder Feindbilder geschaffen. Seelische Leiden sind immer ein Ausdruck von energetischen Blockaden im feinstofflichen Energiesystem. Ein offener, harmonischer Kreislauf äußert sich durch Freude und bietet die beste Voraussetzung für die körperliche Gesundheit.

Die Schwingungsfrequenz des Kronenchakras entspricht der Farbe VIOLETT. Es kann zu einem intensiven Lichterlebnis auch in hellstem Weiß kommen, wenn alle Chakras geöffnet sind und die Kundalini-Energie aus dem Basischakra sich mit der Lichtenergie der kosmischen Ebene vereint. In der Meditation bedeutet die Farbe Violett, im Dritten Auge wahrgenommen, ein Versinken in und eine innige Hingabe an die höchste Kraft. Violett ist die Verschmelzung von Rot und Blau. Das blaue, weibliche Yin-Prinzip nimmt das rote, männliche Yang-Prinzip in sich auf. Es findet die Vermählung der weiblichen Erdenkraft mit der Kraft des Himmlischen Vaters statt. Die Materie wird durchlichtet und wird nun Träger des göttlichen Funkens. Der Mensch als Träger des göttlichen Funkens wird vergeistigt und löst sich aus den materiellen Verhaftungen.

Auch der physische Körper des Menschen spiegelt die großen kosmischen Gesetze. Das schöpferische Prinzip der verströmenden Lichtkraft wirkt sich materiell über das Scheitelchakra aus, das die ganze Kopfregion mit Energie versorgt: Das Großhirn wird stimuliert. Von hier aus bekommen sämtliche Drüsen im menschlichen Körper ihre Impulse. Sie bestimmen mit einer ganz fein aufeinander abgestimmten Zusammensetzung die Qualität der Körpersäfte. Das Blut hat nicht nur die Aufgabe des Gasaustausches und Nährstofftransportes, vielmehr fallen ihm die wichtigen Aufgaben der Übertragung der subtilen hormonellen Wirkstoffe zu. Die wichtigsten Impulse kommen über die Chakras durch die Gefühle, die Gedanken und durch die Verbindung zur göttlichen Seinsebene. Das strömende Licht ist von größter Wichtigkeit für das wundersame, ausbalancierte Kräftespiel in den Lebensvorgängen. Die Durchlässigkeit für das göttliche Licht ist also abhängig von den Gefühlen und Gedanken, denn hier materialisiert sich, was im seelischen Bereich vorhanden ist. Hier findet die Verschmelzung des Feinstofflichen mit dem Materiellen statt. Aus dem Scheitelchakra fließt, wenn es stimuliert wird, eine starke Lichtkraft, die in der Lage ist, alle übrigen Chakras zu großer Leuchtkraft zu entfalten.

Wir selbst bilden die stärkste Resonanz zur göttlichen Liebeskraft, indem wir nach dem kosmischen Gesetz des Verschenkens handeln. So sind alle Handlungen, die im Dienste des Nächsten geschehen, Energie vermehrend. Liebe ist immer aufbauend. Alle Motive und Handlungen, die von Liebe getragen sind, sind stärkende, vitalisierende Kräfte. Wiederum zeigt sich als Symbol die Sonne, die Lebendiges zur Entfaltung bringt durch uneigennütziges Verströmen und Verteilen der Energie.

Je mehr wir uns bewusst werden, dass alle Materie Brechungen Seines Lichtes ist, umso inniger wird die Verbindung zur göttlichen Ebene. Dann wird der Glaube zur Gewissheit, weil jeder Tag Wunder über Wunder, Freude und Geborgenheit hervorbringt. Die VATERUNSER-Meditation öffnet uns ganz neue Dimensionen, geistiges Sehen und Hören entwickeln sich. Freude und Dankbarkeit prägen die seelische Grundstimmung. Wir werden hingeführt zur Verschmelzung des *individuellen* Ichs mit dem *universellen* Ich. So wächst immer mehr die Erkenntnis, dass die sichtbare Materie ein Ausdruck des göttlichen Bewusstseins ist. Sie ist der Tanz der Schwingungen und eigentlich eine Illusion, *Maya:* So nannten die Inder die Erscheinungen der äußeren Welt, eben einer Scheinwelt, denn das Wahrhaftige ist eine unsichtbare Dimension. Das Erkennen der inneren und äußeren Zusammenhänge bereichert aber unseren Alltag ganz intensiv. Unser Vater im Himmel ist weit und doch nahe, groß und doch klein. Er ist in allem und jedem.

Das höchste Wahre ist ohne Bild.
Gäbe es aber gar kein Bild,
so gäbe es keine Möglichkeit,
wodurch es sich als das Wahre
zu manifestieren vermöchte.

Das höchste Prinzip ist ohne Worte.
Gäbe es aber überhaupt keine Worte,
wodurch könnte es sich dann als
Prinzip offenbaren?

Inschrift einer chinesischen Buddha-
Steinfigur aus dem Jahre 746 n. Chr.[3]

Dieses Mantra begleiten wir hin zum *Stirnchakra*, dem *Dritten Auge*. Es ist das Kraftzentrum in der Mitte der Stirn, ungefähr einen Fingerbreit über der Nasenwurzel.

Durch das Scheitelzentrum berühren wir die ungeteilte Lichtkraft, die Schöpfersphäre. Diese Einheit will sich verströmen. Es ist der Wille des Schöpfers, dass sich Sein Licht zersplittert und in die Polarität zerfällt. Es ist Sein Wille, dass der Mensch mit seinen Wahrnehmungsfähigkeiten gefangen ist im Tanz dieser polaren Kräfte. Dieser göttlichen Kreativität liegt eine Idee, ein Gedanke zugrunde. Aus dem Gedanken hat sich das Wort gebildet, eine Tonschwingung. Aus dem Klang ist alles geworden.

> *Am Anfang war das Wort*
> *und das Wort war bei Gott*
> *und das Wort war Gott.*
>
> (Johannes, 1.1-2)

Der Schöpfer hat den Klang oder den Namen ausgesprochen, hat das Licht sich verteilen lassen. Er hat sich verschleiert und manifestiert sich in allen möglichen Atomstrukturen, in Farben und Formen. Das Licht teilt sich, es zerfällt in die Polarität, in die

Gegensätzlichkeit. Die Gegensätze bestehen aus positiv und negativ, männlich und weiblich, Licht und Schatten, Yin und Yang. Die Kräfte der polar geladenen Felder halten die Materie, eine verdichtete Form des ursprünglichen Lichtes, zusammen.

»Die Gestalt ist die äußere Schale, deren innerstes Wesen und der Kern der Name (die Idee) ist. Das heißt: der Körper ist die Gestalt, der Geist ist der innere Name. Die ganze sichtbare und greifbare Welt ist die Gestalt, hinter der dieser Name steht: Spota, das ist der Logos, das Wort, welches sich offenbart. Dieser Spota (Schöpferwille) ist die Kraft, aus der Gott das All erschuf.«[4]

Der Name hat seine Wurzel in der göttlichen Seinsebene. Die ursprüngliche Bildung der Namen aller Dinge und aller Wesen geschah durch das geistige Wahrnehmen ihrer geistigen Substanz. Jedes Wort ist beseelte Kraft, jeder Gedanke ist schöpferische Kraft.

Wir heiligen Seinen Namen, Sein Schöpferwerk. *»Heiligen«* bedeutet: respektieren, achten, in Ehren halten, bewundern, bestaunen. Die Naturgesetze wirken in bewahrender, weiser Intelligenz. Widersetzen wir uns den inneren Gesetzen der Natur, erfolgt die Korrektur. Meistens empfinden wir Leid und Schmerz, wenn wir vom richtigen Weg abgekommen sind. Es gibt jedoch keinen strafenden Gott, denn er ist erfüllt von Liebe zu seinen Geschöpfen. Erkennen wir durch den Leidensdruck die liebende Kraft, die weise in allem wirkt! Das eigene Denken und Handeln sollte dadurch hinterfragt werden. Der Mensch, als kleines Abbild des Großen, ist selbst Schöpfer durch seine Gedankenkräfte. Gedanken erzeugen feinste energetische Felder, wir senden sie aus und nehmen sie auf. Keiner kann für sich allein denken; immer entstehen Felder, die nicht verloren gehen, sondern die Bereitschaft haben, sich zu materialisieren. So wie alle Ge-

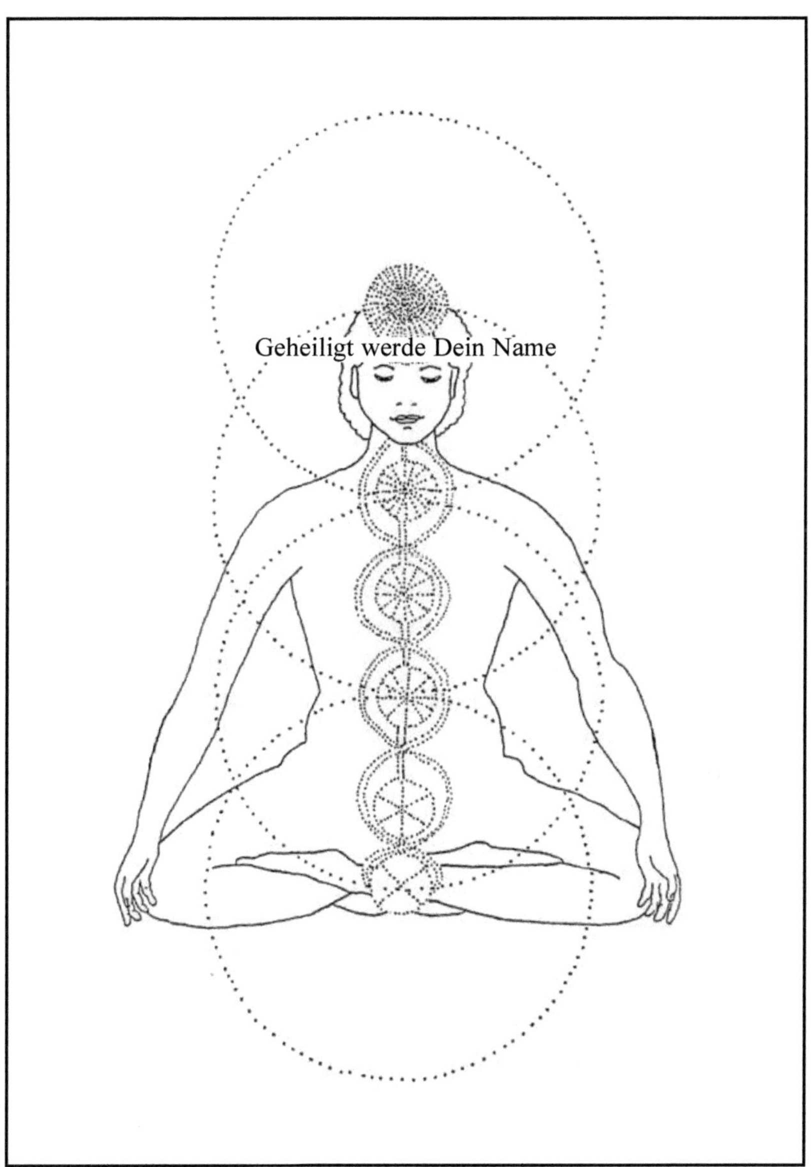

Geheiligt werde Dein Name

schöpfe über die Atemluft miteinander verbunden sind, besteht auch eine Verbindung durch die Gedanken. Telepathie gilt heute als wissenschaftlich bewiesen. Bewusstsein herrscht über die Materie, das heißt: die Materie gehorcht dem Bewusstsein. Dazu ein weiser Spruch von Gottfried Keller:

»Wer heute einen Gedanken sät,
der erntet morgen die Tat,
danach den Charakter und endlich sein Schicksal.«

Durch das Öffnen des Dritten Auges wird unser Denken harmonisiert. Die Yin- und Yangseite schwingen im Einklang. Die inneren Zusammenhänge können wir immer klarer sehen. Hinter den äußeren Erscheinungsbildern erkennen wir immer klarer die dort wirkenden Kräfte. Wir erkennen Seinen Namen. Es ist ein Reigen von Energien, die sich als Spiegel unseres eigenen Bewusstseins manifestieren. Hellsichtigkeit und Hellhörigkeit entwickeln sich. Die Gabe der Übertragung von Heilkräften wird durch eine kreative Imagination und empathisches Einfühlen möglich, wenn die reine Absicht unterstützt wird von Liebeskraft, die aus dem Herzchakra fließt.

Ein noch unentwickeltes Stirnchakra lässt die subtile Wahrnehmung der inneren Zusammenhänge nicht zu. Meistens ist die rechte Hirnhälfte nicht aktiv genug, so dass das Denken ganz auf den Intellekt ausgerichtet ist. Die Ratio dominiert. Es mag sich die Fähigkeit eines analytischen Verstandes entwickeln, aber die Gabe der ganzheitlichen Sichtweise fehlt. Der Zugang zur spirituellen Ebene ist blockiert. So kann eine starke Kopflastigkeit entstehen. Meistens werden dadurch die Schultern hochgezogen, so dass Verspannungen im Nackenbereich häufig sind.

Die Einheit des Himmlischen Vaters hat sich geteilt: Aus Eins ist die Zwei, die Zweiheit entstanden. Dieses Geschehen spiegelt sich im Körper. Das Scheitelchakra öffnet sich zur Einheit, das Stirnchakra öffnet sich zur Schöpfung. Yin und Yang spiegeln sich wie bereits angedeutet im Gehirn. Die linke, männliche Seite steht für Logik, Analytik, Sprache, Mathematik, Wissenschaft und Expansion, die rechte, weibliche Seite für Imagination, Beschützen, Bewahren, Träume, Gesamtschau, Intuition, Sensitivität usw.. Die Intuition ist ein weibliches Prinzip. Sie ist nicht greifbar, nicht beweisbar. Aber sie ist schneller als rationelle Überlegungen. Das ist der Grund, warum der erste Eindruck, der erste Gedanken, meistens der richtige ist.

Durch das Stirnchakra wird die ganze Kopfregion, das Gesicht, die Augen, die Nase, die Nebenhöhlen und vor allem das Kleinhirn und das ganze Zentralnervensystem mit Lebenskraft stimuliert. Die Hirnanhangdrüse oder Hypophyse übt auf alle anderen Drüsen einen maßgeblichen Einfluss aus. Sie reguliert das richtige Maß des Wachstums. Auch die Fruchtbarkeit, die Menschen selbst zum Schöpfer macht, wird auf wunderbare Weise von hier aus gesteuert. Die göttliche Kreativität wurde in unsere Hände weitergegeben, damit wir Sein Werk weiterführen.

Durch diese einzigartige Meditation wird das Stirnchakra mit dem Mantra *Geheiligt werde Dein Name* zur Entfaltung gebracht. Eine Seele, deren Leben bis dahin nur auf die Befriedigung materieller Wünsche und körperlicher Bedürfnisse ausgerichtet war, bekommt durch die Intuition und das ganzheitliche Denken mehr Tiefe und die höheren Einsichten erweitern die Sichtweise allgemein. Dadurch wachsen Toleranz und Liebe.

Im Stirnchakra vibriert die Farbe INDIGO. Je stärker die spirituelle Durchlichtung aus dem Scheitelchakra ist, desto mehr Violett kommt hinzu. Herrscht das rationale Denken vor, schwingt das

Zentrum in einer gelblichen Frequenz. Blau verkörpert das aufnehmende, weibliche Prinzip. Es ruht in sich selbst, ist also eine Verinnerlichung, eine unergründliche Dimension. So ist eine Fahrt ins Blaue eben eine Reise ins Unbekannte! Die Erde, unsere Lebensbasis, ist ein blauer Planet, die weibliche Mutter Erde. Blau wirkt beruhigend, kühlend. Blau vermittelt Geborgenheit. Oft wird Maria mit einem blauen Mantel dargestellt, ein Symbol der schützenden Mütterlichkeit, des weiblichen Prinzips im weitesten Sinne.

Ein aktiviertes, entwickeltes Stirnzentrum stimuliert beide Gehirnhälften, und das weibliche Prinzip wird entsprechend integriert. Unsere Mutter Erde braucht dringend Menschen, die ihre heilenden Kräfte durch aufbauende, gute Gedanken ausbreiten. Wenn durch die Kraft des VATERUNSERS das spirituelle Bewusstsein in uns zur Entfaltung kommt, wird Sein Name in allen Dingen immer mehr erkannt werden. Aus dieser Sicht der Dinge erwächst dann die Achtung, die Heiligung der ganzen Umwelt. Eine solche kontemplative Grundstimmung bringt die nötige Sensitivität gegenüber hektischen Aktivitäten. Ruhe und Geborgenheit breiten sich von innen her aus. Diese Quelle der Lebensfreude ist in jedem von uns, in unserem eigenen Innern zu finden!

*Der wahren Tugend Bewegung
folgt nur dem Tao.
Das Wesen des Tao:
unfaßlich, unbegreiflich.*

*Unbegreiflich, unfaßlich,
es birgt in sich die Bilder.
Unfaßlich, unbegreiflich,
es birgt in sich die Wesen.*

*Dunkel, unergründlich,
es birgt in sich die Lebenskraft.
Die Lebenskraft ist Wirklichkeit,
ihr Inneres höchste Gewissheit.*

*Von Anbeginn bis heute
vergeht Sein Name nicht,
er bewirkt den Anfang aller Dinge.
Woher ich vom Anfang aller Dinge weiß?
Eben durch dieses, das Tao.*

Lao Tse[5]

Dein Reich komme

Mit der Schwingungskraft dieses Mantras richten wir unser ganzes Bewusstsein in das *Hals-* oder *Kehlchakra*. Dieses Zentrum dehnt sich vom Halswirbel nach vorne bis über die Halsgrube aus.

Aus der Einheit des Scheitelchakras heraus begegnen wir der Zweiheit im Stirnchakra und vereinen die beiden Kräfte zur Dreiheit im Halschakra. Dieses Zentrum vollendet die göttliche Dreiheit. Auf wunderbare Weise ist der Mensch ein Ausdruck der höchsten Gesetze, denn jeder materiellen Manifestation liegt ein geistiges Gesetz zugrunde.

Dein Reich komme. Der göttliche Funken fließt durch die Pforte des Halses in die unteren vier Chakras. Das Halszentrum ist die Verbindung der oberen mit der unteren Ebene. Die göttliche Weisheit verströmt sich in alle Dinge.

> *Das Tao erzeugt das Eine,*
> *das Eine erzeugt die Zwei,*
> *die Zwei erzeugt die Drei*
> *die Drei die abertausend Dinge.*

> Lao Tse[6]

Durch das Halschakra stellen wir auf der materiellen Ebene mit unserer Welt die Kommunikation her. Auf der spirituellen Ebene geschieht diese Kommunikation ganz leise durch geistige Inspirationen. Durch dieses Zentrum sind wir kommunikationsfähige Wesen. Aus Ideen und Gedanken bilden wir mittels Mund, Zunge und Stimmbändern Worte, die wir nach außen senden. Wir äußern Gedanken und Gefühle jedoch nicht nur durch Worte, sondern auch durch Gesten, durch die Mimik oder durch kreative Ausdrucksmittel wie Tanz, Malerei oder Musik. Was immer wir nach außen vermitteln, sind beseelte Impulse. Worte sind machtvolle Schwingungen, und in der VATERUNSER-Meditation nutzen wir die Schwingungskraft der Worte, der Mantras als Entfaltungskräfte für unsere feinstofflichen Energiezentren.

Ein offenes Halszentrum ermöglicht einen harmonischen Fluss der inneren Empfindungen und deren Äußerung. Die Worte und der Ausdruck sind dann beseelt und echt. Das innere Empfinden wird klar und ungehemmt nach außen vermittelt, und die zwischenmenschliche Kommunikation ist tief und reich. Zum klaren Mitteilen gehört übrigens natürlich auch das Zuhören. Die Energien, die durch eine offene Kommunikation entstehen, fließen dann leicht hin und her und vermitteln ein Gefühl von Verständnis und Geborgenheit.

Das Halschakra hat auf dem seelischen Entwicklungsweg eine große Bedeutung. Wir hören nicht nur die äußeren Laute: *Hier* vernehmen wir die leise Stimme aus der Quelle der spirituellen Ebene des Himmlischen Vaters und empfangen Seine Inspirationen. Die geistigen Helfer und Engel dienen Ihm und bilden die Brücke in unser Bewusstsein. Wir entwickeln mit einem offenen Halschakra ein starkes Vertrauen in die innere Führung und erkennen immer deutlicher unsere individuelle Lebensaufgabe. Innere Weite öffnet das Tor zur Quelle der All-Liebe.

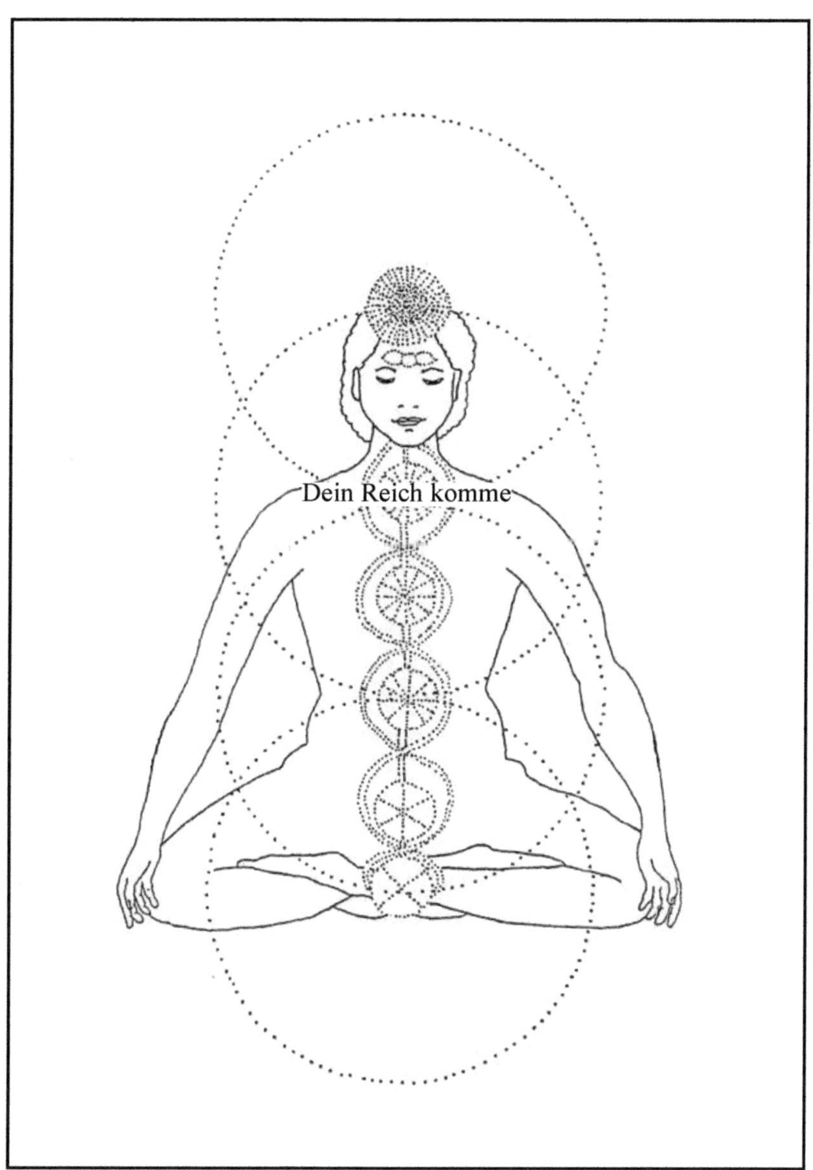
Dein Reich komme

Geöffnet erwarten wir die Kräfte des Heiligen Geistes, die Inspirationen aus der Ebene des Himmlischen Vaters.

Die altindischen Weisen nannten die Schöpferkraft *vaka*, *va* = schaffen, *ka* = Kraft. Im lateinischen *vox* = Stimme, erkennen wir einen ähnlichen Wortklang. Stimme und Worte haben eine tiefe Verwandtschaft mit der Schöpferkraft. Die ursprüngliche Namensbildung geschah durch das geistige Wahrnehmen einer inneren Schwingung, der geistigen Substanz. Jedes Wort ist somit beseelte Kraft. Es liegt in unserer Macht, die Qualität der Schwingungen zu bestimmen. Wir können liebende, aufbauende, lebenserhaltende Kräfte verbreiten, aber ebenso negative, hasserfüllte, lebensverneinende und blockierende Schwingungen.

Ein geschlossenes Halschakra bewirkt seelische Enge. Die Gefühlsebene ist getrennt von der Kopfebene, die Äußerungen sind getragen von Rationalität und vom Intellekt, der innere Gehalt der ganzheitlichen Sicht fehlt. Meist ist der Zugang zur Gefühlsebene verschlossen. Der Kopf ist zu sehr vom Körper getrennt. Das wirkliche Wesen wird verborgen, kann sich nicht äußern. Worte können dann auch missbraucht und zur Stärkung der eigenen Machtposition verwendet werden. Das Halschakra ist ein Zentrum der Macht - im positiven und im negativen Sinn!

Eine wichtige Stellung in unserer seelischen Entwicklung nimmt die Traumebene ein. Jede Nacht haben wir die Möglichkeit, Zugang zu Informationen aus der kosmischen Ebene zu erhalten. Auch heute noch kann man sagen: Gott spricht zu mir im Traum. Es geschieht in einer Symbolsprache, jener Sprache, die in den Märchen gesprochen wird. Diese Sprache legt noch Zeugnis ab von der Erkenntnis der inneren Werte von Wesen und Dingen. In den Schriften der Essener sagt Jesus: *»... während der Stunden des Tageslichts sind unsere Füße am Boden, und wir haben keine Flügel, mit denen wir fliegen. Aber unser Geist ist* *nicht an die Erde gebunden, und mit dem Herannahen der Nacht überwinden wir unsere Bindung an die Erde, und wir treffen uns mit dem, was ewiglich ist. Denn der Menschensohn ist nicht nur das, als was er erscheint, und nur mit den Augen des Geistes können wir jene goldenen Fäden erkennen, die uns mit dem Leben überall verbinden.«* [7]

Dein Reich komme, auch in unseren Träumen! Wenn wir uns die Mühe machen, unsere Träume aufzuschreiben, steigern wir unser Erinnerungsvermögen. Immer mehr öffnet sich der Zugang zu Informationen, die uns helfen, uns selbst zu erkennen. Der Weg wird durch das Halschakra geöffnet zum inneren Selbst. Ich gebe Ihnen, liebe Leserinnen und Leser, zu bedenken, dass der Rauch jeder Zigarette das Halszentrum zusammenzieht. Nur ein geöffnetes Halszentrum lässt aber die ganzheitliche Sicht zu. Unbeeindruckt von den Meinungen unserer Umgebung erkennen wir vorurteilsfrei und mit tiefer Toleranz immer besser die subtilen inneren und äußeren Zusammenhänge.

Die Schwingungsfrequenz des Halschakras entspricht der Farbe HELLBLAU. Die hellen Töne zeigen eine Durchlichtung des blauen weiblichen Prinzips. Blau gibt den Bezug zum Raum, zur Erde, zum eigenen Leib wie auch zum aktiven Selbstausdruck. Wie das zarte Blau des Himmels den Blick frei gibt in die Weite des unendlichen Universums, gibt uns das Halschakra eine Verbindung zum unendlichen, geistigen Raum außerhalb von Raum und Zeit, zum Ewigen.

Die körperliche Ebene spiegelt die geistigen Gesetze. Göttliche Inspirationen fließen uns durch das Halschakra zu. Wir selbst tun dasselbe nach außen durch die Organe: Das Halschakra beeinflusst die Ohren, die Stimmbänder, die Atmungsorgane, die Speiseröhre, den Kiefer wie auch die Halswirbel. Insbesondere wird die Schilddrüse, die maßgeblich mitwirkt bei einer harmonischen

Zusammensetzung der Hormone und einen entscheidenden Einfluss auf die Verbrennungsprozesse des Stoffwechsels hat, durch unser seelisches Befinden beeinflusst. Ihre Funktion ist aber zudem sehr eng mit der Hypophyse verbunden, die wichtige Impulse vermittelt.

Dein Reich komme! Durch die Verbindung zum Himmlischen Vater gelingt uns ein freier Selbstausdruck des innersten Wesens. Ein tiefes Gefühl der Freude, des Vertrauens und der Vollständigkeit erfüllt uns. Aus dem Scheitelzentrum fließen die Kräfte des kosmischen Lichtes aus der Einheit, breiten sich aus über das Stirnchakra, strömen ein durch das Halszentrum und verbinden uns mit der göttlichen Ebene. Es geschieht eine mächtige Bereicherung, ohne die wir abgeschnitten wären von den geistigen Inspirationen, ohne die wir uns verirren würden in der Unwirklichkeit der Materie.

Die wahre Lebensweisheit besteht darin,
im Alltäglichen das Wunderbare zu sehen.

Pearl S. Buck

DEIN WILLE GESCHEHE -
WIE IM HIMMEL, SO AUCH AUF ERDEN

Die Schwingungskraft dieses Mantras lenken wir in unser Herzchakra. Es dehnt sich vom Rücken her aus nach vorne. Wir lenken *Dein Wille geschehe* ins Herzzentrum, *wie im Himmel* zum
Scheitelchakra und begleiten die letzten Worte *so auch auf Erden*
zurück in die Herzgegend.

Das Herzzentrum ist der Mittelpunkt unseres Wesens und die
Mitte des Chakrasystems. Die Energien der Mutter Erde vereini-
gen sich hier mit den spirituellen Energien des Himmlischen
Vaters. Der Geist durchdringt die Materie. Materie = Mater =
Mutter. Diese Durchlichtung aus dem oberen Dreieck veredelt
sämtliche vier unteren Chakras. Dadurch entsteht fließende Freude aus dem Herzzentrum, das ein Zentrum der Güte und der feinsten Empfindungen ist.

Das Herzchakra stellt das Christus-Mysterium dar. Hier findet
die Aufgabe der sinnesorientierten Begierden und des an Äußer-
lichkeiten gebundenen Denkens statt. An deren Stelle tritt ein
sich in Liebe verschenkendes Empfinden. Hier neigt sich der
Schöpfer dem Menschen zu, und der Mensch gelangt über die
Liebe hin zum Göttlichen. Durch die Liebe des Herzens findet die
höchste Lichtkraft eine Resonanz in uns, die wir hier verströmen

dürfen. Die Materie hat die Bausteine der vier Elemente: ERDE, WASSER, FEUER und LUFT als Grundlage.

Gott ist der Herr der Elemente, er macht,
dass die Dinge sich machen.

Teilhard de Chardin

Das Kreuz ist auch ein Symbol der Vierheit. Vier ist der Ausdruck unserer physischen Existenz. Die drei oberen Chakras mit den vier unteren Chakras ergeben die Zahl Sieben. Sieben ist symbolisch die Zahl der Vollkommenheit. In sieben Tagen wurde die Welt erschaffen, und alle kosmischen Gesetze sind darin enthalten. So sind wir selbst mit unseren sieben Energiezentren Ausdruck der vollkommenen Schöpfung. Multiplizieren wir die beiden Zahlen Drei und Vier, erhalten wir die Zahl Zwölf. Die Lotosblüte des Herzchakras hat zwölf Blütenblätter. Diese Zahl finden wir wieder bei den zwölf Aposteln, den zwölf Söhnen Jakobs und auch bei den zwölf Abschnitten des Zodiaks. Das Jahr hat zwölf Monate, die Woche sieben Tage. Aus diesen Ausführungen ist ersichtlich, wie sehr wir verwoben sind mit den ordnenden kosmischen Gesetzen.

Dein Wille geschehe, wie im Himmel
so auch auf Erden

Symbolisch wird die Vereinigung der spirituellen mit den materiellen Kräften durch zwei sich vereinende, einen Sechsstern bildende Dreiecke dargestellt. Der Geist durchdringt die Materie. Zählt man den Mittelpunkt dieses alten Symbols des Sechsecks hinzu, so erhalten wir wiederum die Zahl Sieben. Das Prinzip der Vereinigung von Yin und Yang, von Körper und Geist, von Himmel und Erde wird durch dieses Symbol dargestellt.

Die bedingungslose Liebe, aus einem offenen Herzchakra fließend, ist zutiefst bejahend. Durch die Durchlichtung der oberen Chakras erkennen wir, dass alles um uns Ausdruck Seines Willens ist. Wir sind in Ihm und Er in uns. Wie könnte man diese Geborgenheit besser formulieren als:

Dein Wille geschehe, wie im Himmel so auch auf Erden.

Dies ist die Erkenntnis der göttlichen Gegenwart in uns und um uns. Alles, was ist, kommt aus Ihm, von der All-Liebe, und wirkt gleichermaßen als geistiges wie als materielles Prinzip. Wir werden erfüllt von tiefsten und lebendigsten Gefühlen, die es vermögen, Vertrauen zu wecken und Freude zu schenken. Vom Herzzentrum strahlen wir diese kostbare Energie aus wie eine Sonne und erhellen damit unsere ganze Umgebung. In Verbindung mit einem geöffneten Stirnchakra können wir Heilkräfte aussenden, wo immer sie benötigt werden. Wir werden zum Kanal für die Kräfte aus der Quelle des reinsten Lichtes des Himmlischen Vaters und sind in der Lage, diese Energien auf unsere Mitmenschen zu lenken. Immer ist beim Übertragen von kosmischen Heilenergien das Herzzentrum offen, denn nur durch die Liebe sind wir verbunden mit der höchsten Kraft, aus der wir alles empfangen. Als leeres Gefäß stehen wir da und legen alles in die Hände der weisen Führung. Wahre Liebe ist ungebunden und in stetem Fluss. Sie äußert sich als überschäumende Lebensfreude, als Ekstase, als große geistige Umarmung.

Durch diese starke Herzenskraft erkennen wir Seinen Willen in allen Dingen und integrieren diese Erkenntnisse in unseren Alltag. Die Voraussetzung für bedingungsloses Lieben ist die Liebe zu uns selbst. Sind da Zweifel, Ängste oder Unsicherheiten vorhanden, zeigt dies auf noch vorhandene energetische Blockaden. Die tägliche Meditation wird den Weg frei machen für die kosmische Lichtkraft, und die Lichtkraft wird in unserem Herzchakra zum Christus-Licht. Es ist das Licht, das in allem leuchtet und als weißes Licht, das aus allem strahlt, wahrgenommen werden kann.

Das Prinzip der sich verströmenden Liebeskraft wirkt ebenso im physischen Leib. Das Herz versorgt unseren ganzen Organismus ohne Unterlass mit dem unentbehrlichen Lebenssaft, dem Blut. Wie die Sonne bedingungslos ihre Energie verschenkt, wirkt das Herz in unserem kleinen System. Das ganze Blutkreislaufsystem hängt von der Tätigkeit des Herzmuskels ab. Die Lebenskraft zu dieser unermüdlichen Tätigkeit des Herzens kommt aus dem Herzchakra, das auch einen großen Einfluss auf die Thymusdrüse hat. Diese regelt das Wachstum und steuert das Lymphsystem. Sie hat aber auch die ganz wichtige Aufgabe, das Immunsystem intakt zu halten und zu stärken. Daraus darf man schließen, dass die Liebeskraft das Immunsystem positiv beeinflusst. Wir leben von Licht, und Licht ist Liebe. Licht strömt durch unseren Körper in den Lichtbahnen und schenkt uns körperliches und seelisches Wohlbefinden.

Die Schwingungsfrequenz des Herzzentrums entspricht den Farben GRÜN und ROSA. Grün ist die Verschmelzung von Blau und Gelb. Blau ist die empfangende, passive Kraft, Gelb ist die Farbe der geistigen Inspiration: Zusammen entsteht Wachstum. Grün ist die Farbe der Wälder, der Wiesen, unserer Lebensbasis. Der Geist durchdringt die Materie und belebt sie von innen. Grün ist eine harmonisierende Farbe, sie kühlt, wo zuviel Hitze ist, und

wärmt, wo zuviel Kälte ist. Die Farbe Rosa ist das Prinzip der allumfassenden Liebe und des Mitgefühls, der Barmherzigkeit und Vergebung. Diese Eigenschaften setzen große Heilkraft frei, da sie getragen sind von vergebenden Gefühlen und von der Leichtigkeit der göttlichen Liebe.

Durch die tägliche VATERUNSER-Meditation öffnet sich unser Herzchakra. Gefühle der Unausgeglichenheit oder Depressionen werden aufgelöst, wenn die Lebenskraft in den Lichtbahnen fließen kann. Zärtliches und Sanftes werden wieder zunehmend unser ganzes Wesen erfüllen. In allem, was wir tun, sind wir dann mit dem Herzen dabei. Lebendigkeit und Lebensfreude werden in nie gekanntem Ausmaß unsere ganze Gefühlsebene, den ganzen Emotionalkörper erfüllen.

Die Kraft des Himmlischen Vaters ist Licht und Liebe. Liebe beinhaltet zutiefst ein »Ja«, ein »Nein« dagegen bedeutet Trennung, Blockierung, Einsamkeit.

Der Weise hat kein verschlossenes Herz,
die Herzen der Menschen sind ihm sein eigenes Herz.
Den Guten bin ich gut,
den Nichtguten bin ich auch gut.
Wahre Tugend ist Güte.

Den Aufrichtigen bin ich aufrichtig,
den Nichtaufrichtigen bin ich auch aufrichtig.
Wahre Tugend ist Aufrichtigkeit.

Der Weise lebt still inmitten der Welt,
sein Herz ist ein offener Raum.
Die Menschen schauen und hören auf ihn,
und er sieht in allen seine Kinder.

Lao Tse[8]

Unser tägliches Brot gib uns heute

Mit dieser Bitte lenken wir unser Bewusstsein in unser *Solarplexus-Chakra* oder *Sonnengeflechtszentrum*. Es befindet sich etwa zwei Fingerbreit oberhalb des Nabels. In diesem Zentrum finden wir die meisten energetischen Blockaden. Es ist deshalb hier besonders wichtig, durch bewusstes Atmen Lebensenergie zuzuführen.

Die Verarbeitung von Gefühlen und Erlebnissen, das Wahrnehmen von Stimmungen, vom Befinden unserer Mitmenschen wird über dieses Zentrum gesteuert. Hier findet eine subtile Kommunikation auf der emotionellen Ebene statt. Hier sind die feinstofflichen »Fühler« eingebaut! Durch dieses Chakra empfinden wir Sympathie oder Antipathie. Wir fühlen hier, was zu unserem Schwingungsmuster passt und was nicht. Es findet ein stetiger Austausch von Energien statt, die wir in unser eigenes Energiesystem integrieren. Im erweiterten Sinne ist auch die gesellschaftliche Anerkennung, der Leistungswille, die emotionelle Bindungsfähigkeit von einem offenen Solarplexus-Chakra abhängig.

Mit einem entwickelten Herzzentrum fällt es uns leichter, den unterschiedlichen Schwingungsfrequenzen mit Offenheit, Liebe und Toleranz zu begegnen. Je mehr die Liebe unser Denken und Handeln bestimmt, desto mehr leuchtet unser inneres Licht wie eine Sonne. Darin entscheidet sich, wie wir auf unsere Umgebung reagieren und was wir integrieren. Das Herzchakra ist unsere Wesensmitte. Die drei oberen Chakras sind Ausdruck des Höheren Selbst, die drei unteren des niederen Selbst. Durch das Höhere Selbst entwickelt sich das spirituelle Leben, durch das niedere Selbst erfahren wir die vitalen Bedürfnisse des irdischen Lebens. Dies soll keine Wertung sein: Alle Zentren steuern das ihre zu einem harmonischen Kreislauf, zu einem erfüllten Dasein bei. Die Bezeichnung »Sonnengeflecht« verrät bereits den Zusammenhang mit der Sonne, der Sonnenenergie. Dieses Chakra integriert die Sonnenenergie in unser feinstoffliches Energiesystem. Der Ätherleib, der unseren physischen Leib mit unzähligen feinsten Energiekanälchen durchwebt, verteilt die Energiepartikel des Sonnenlichtes in unseren Körper. Ohne Sonnenlicht gibt es kein Leben auf der Erde; das ganze Wachstum ist abhängig von der wohldosierten Strahlenmenge, die auf die Erde einstrahlt.

Im geheimen Evangelium der Essener finden sich die Worte Jesu:

»Engel der Sonne, tritt in meinen Körper ein und lass mich in dem Feuer des Lebens baden. Und ihr werdet die Strahlen der aufgehenden Sonne in das Zentrum eures Körpers einfließen spüren, dort in das Zentrum, wo sich die Engel des Tages und der Nacht treffen, und die Kraft der Sonne wird euch gehören, um in jeden Teil eures Körpers einzudringen, denn die Engel verweilen dort.« [9]

Das geistige Prinzip der Integrierung verwirklicht sich hier auf allen Ebenen. Feinste Lichtpartikel des Sonnenlichtes, gefühlsmäßige Eindrücke, aber auch die Nahrungsaufnahme werden hier integriert. Die kosmische Intelligenz verwertet so viel, wie wir brauchen, um lebensfähig zu bleiben. Sie möchte aber auch, dass wir freudig, liebend, glücklich und gesund sind.

Unser tägliches Brot gib uns heute

Das Sonnengeflechtszentrum ist das Zentrum des Emotionalkörpers. Gedanken und Gefühle sind aufs engste miteinander verknüpft. Mit den Gedanken steuern wir die Qualität unserer Gefühle. Sind sie von Liebe getragen, vermehrt sich die Lebenskraft. Es gehört zu unserer Lebensaufgabe, ständig daran zu arbeiten. Gefühle müssen aufrichtig wahrgenommen werden, denn unterdrückte und lang anhaltende negative Gefühle sind oft die Ursache von körperlichen Beschwerden und Krankheiten. Ein Wutausbruch ist dann einmal viel gesünder als eine den falschen Frieden bewahrende Selbstkontrolle!

Der physische Körper wurde uns gegeben als wunderbares Instrument, um die Ideen der göttlichen Intelligenz zu verwirklichen. Unser Körper braucht eine natürliche, wertvolle Nahrung, die die Erdenmutter hervorbringt durch die alles belebende Kraft des Lichtes des Himmlischen Vaters. Wir selbst werden durch das Sonnengeflecht zur Sonne, wenn wir uns öffnen für die Kraft des Lichtes aus der höchsten Quelle. Diese schenkt in uns die innere Helligkeit, die wir nach außen strahlen können. Je mehr wir uns öffnen und davon erhalten, desto mehr wird unsere ganze Umgebung durch die von uns ausstrahlende positive Kraft bereichert.

Ein blockiertes Sonnengeflechtszentrum verhindert den Fluss der Integration auf allen Ebenen. Die Offenheit, das Annehmen und Anerkennen der Individualität der Mitmenschen ist getrübt durch Kritik und abwehrende Gefühle. Anstelle selbst zu strahlen wie die Sonne wird man eher zu einem schwarzen Loch, das alles Negative in sich einsaugt. Auf der materiellen Ebene wird dann auch die Verwertung der Nahrungsmittel gestört. Der Stoffwechsel und die Verdauung sind abhängig von der Qualität unserer Gefühle. Durch die beseelte Bitte *Unser tägliches Brot gib uns heute* erflehen wir nicht nur die leibliche Nahrung. Wir brauchen Sein Licht, das uns erfüllt mit innerer Helligkeit, die wir erleben als Lebenskraft und Freude und die wir nach außen verströmen können. Genau so wie der physische Leib nicht ohne Nahrung leben kann, verkümmert die Seele ohne Nahrung aus der höchsten Ebene des Himmlischen Vaters. Mit dieser VATERUNSER-Meditation öffnen wir uns immer mehr, und Licht und Liebe vermehren sich in uns.

Das Sonnengeflechtszentrum vibriert in der Farbe GELB, der Farbe des Sonnenlichtes. Es ist das Licht, das die Kräfte der Mutter Erde zur Entfaltung bringt, lebendig macht, die Materie durchdringt. In seiner Bewegung ist Gelb verströmend, es versucht den Raum zu durchdringen. Gelb ist die Farbe der geistigen Inspiration, der Ideen. Gelb sind auch die reifen Kornfelder, die uns unser tägliches Brot schenken.

Im physischen Körper ist die Bauchspeicheldrüse dem Sonnengeflecht zugeordnet. Diese Drüse produziert unter anderem das Hormon Insulin, das für das Blutzuckergleichgewicht und den Kohlehydratstoffwechsel von größter Bedeutung ist. Sie steuert maßgeblich die Verdauung der dem Körper zugeführten Nahrung. Der untere Rückenteil, die Bauchhöhle, der Magen, die Leber, die Milz, die Gallenblase und das ganze vegetative Nervensystem werden durch dieses Chakra mit Energie versorgt.

Gib uns heute unser tägliches Brot. Wir erbitten neben der Nahrung für unseren Körper auch Nahrung für die Seele und unseren feinstofflichen Körper. Wir bitten um die alles verwandelnde Lichtkraft, aus der wir die Leichtigkeit des Daseins erleben dürfen. Jesus sagte:

»Wahrlich, wahrlich, ich sage euch: Nicht Moses hat euch das Brot vom Himmel gegeben, sondern mein Vater gibt euch das wahre Brot vom Himmel. Denn das Brot, das Gott gibt, kommt vom Himmel herab und gibt der Welt Leben.«

(Johannes 6,32-33)

Dieses Mantra lenken wir in das *Sakral-* oder *Sexualchakra*. Mit unserem Bewusstsein begeben wir uns vom Kreuz her nach vorne in die untere Bauchgegend.

Dieses Energiezentrum stimuliert unsere ursprünglichen Gefühle, die Sinnlichkeit und die Erotik. Die Begeisterungsfähigkeit, das Staunen, das Erleben mit unseren irdischen Sinnen wird von hier aus gesteuert. Wir erfreuen uns an der irdischen Welt und an ihren mannigfaltigen Formen und Farben. Durch dieses heilige Zentrum werden wir selbst zum Schöpfer, indem wir fähig sind, Kindern das Leben zu schenken.

Das Sakralchakra hat eine Resonanz zum Stirnchakra. Im Stirnchakra erleben wir das Einströmen des Lichtes in die Materie. In den Dingen erkennen wir Seinen Namen. Es ist das Prinzip des sich Verströmens, das die beiden Chakras gemeinsam haben. Im Stirnchakra sind es unsere Gedankenenergien, die aufgenommen und ausgesandt werden. Im Sakralchakra kommt die leibliche Wirkungskraft zur Entfaltung. Wir treten aus der Ich-Verhaftung heraus und wenden uns hin zum Du. Wir verschenken, verströmen uns in der sexuellen Vereinigung. Nach dem Willen der All-Liebe, aus der die kosmische Intelligenz in allem wirkt, sind Seine Geschöpfe glücklich und erfüllt mit Lebensfreude. Sie weiß aber auch um die Schwierigkeit, die das irdische Dasein enthält, und welche Fehlhaltungen den Menschen oft daran hindern, ein glückliches Leben zu führen.

Wir sind in die Polarität der Materie inkarniert, weil unsere Seele sich in diesem Dasein weiterentwickeln will und noch etwas zu lernen hat. Immer wieder sind wir es selbst, die den Zugang zur göttlichen Seinsebene trüben. Gott ist immer da, nur wir entfernen uns oft von ihm. Etwa in den falschen Bildern, die wir uns von uns selbst machen. Statussymbole, Imponiergehabe werden dann zu unseren Götzen. Sie treiben uns in eine Hektik und übertriebene Aktivität und verhindern die Begegnung mit unserem wahren Selbst.

Ein blockiertes Sexualchakra bringt den Menschen um die ursprünglichen, kreativen Lebensfreuden. Die Begeisterungsfähigkeit ist getrübt. Die falschen Bilder von sich selbst und von den anderen behindern die Verschmelzung im Du.

Wir öffnen das Zentrum der Liebesfähigkeit mit der Bitte:
Vergib uns unsere Schuld,
wie auch wir vergeben unsern Schuldigern.
Es wäre ein großes Missverständnis, anzunehmen, dass in der menschlichen Sexualität eine Schuld zu finden wäre. Im Gegenteil, die All-Liebe möchte die Voraussetzung schaffen für ein erfülltes Zusammensein, im Verzeihen und in Selbsterkenntnis. Die Sexualenergie ist eine kraftvolle, wunderbare Energie. Sie kann uns höchste Transzendenz erleben lassen. Über den Eros kann vermehrt Lichtenergie aus den oberen Chakras einströmen, wenn diese geöffnet sind. Dann überschreiten wir in der Sexualität die eigene Begrenztheit, die uns der physische Leib auferlegt. Es findet eine allumfassende, liebende Berührung zur obersten Quelle des Lichtes statt. Vollkommene Verschmelzung bedeutet

Und vergib uns unsere Schuld, wie auch wir
vergeben unseren Schuldigern

auch Durchlichtung aller Chakras. Wir werden ein Spiegel des harmonischen Zusammenspiels der Energien der Mutter Erde mit den Energien des Himmlischen Vaters. Das bewirkt für uns ein harmonisches Dasein, Lebensfreude und ein tiefes Gefühl von Dankbarkeit.

Die Schwingungsfrequenz des Sexualchakras entspricht der Farbe ORANGE. Gelb hat sich mit Rot vermischt. Rot ist die Erdenkraft aus dem Basischakra, sie wird durchdrungen von Gelb, der geistigen Inspiration. Die ursprünglichen Kräfte, die dem Ich zum Überleben dienen, sind verfeinert durch das Licht. Der Einzelne tritt aus dem Ich heraus und wendet sich hin zum Du.

Auf der physischen Ebene versorgt das Sexualchakra den ganzen Beckenraum, die Fortpflanzungsorgane, die Nieren, die Blase, ferner alle Säfte wie das Blut, die Lymphe, die Verdauungssäfte, das Sperma mit der nötigen Lebensenergie. Es beeinflusst die Bildung der Sexualhormone in den Eierstöcken und Hoden. Diesem Zentrum verdanken wir die gute Funktion der Keimdrüsen und die Ausbildung der männlichen und weiblichen Geschlechtsmerkmale.

Hier herrscht das Element WASSER. Im Herzchakra begegneten wir dem Element LUFT, im Sonnengeflechtszentrum dem Element FEUER und im Basischakra werden wir dem Element ERDE begegnen. Da alles Wässrige dieser Erde vom Mond regiert wird, bestimmt er mit seinen Rhythmen auch den Monatszyklus der Frau und dadurch die Fruchtbarkeit. Alles Leben entspringt dem Wasser. Das Wasser hat auch eine reinigende und läuternde Eigenschaft, es schwemmt fort, was verbraucht ist. Die entgiftenden und ausscheidenden Organe Niere und Blase werden über dieses Zentrum stimuliert. Auch hier ist die Fähigkeit des Loslassens und Verzeihens auf der seelischen Ebene von großer Bedeutung für das gute Funktionieren der Ausscheidungsorgane.

Falsches Anhaften, nicht Loslassenkönnen von Verbrauchtem, Überholtem, kann zu Störungen in diesem Bereich führen.

Vergib uns unsere Schuld,
wie auch wir vergeben unsern Schuldigern.

Ein offenes Sexualchakra bringt die Durchlichtung der unteren Chakras mit dem Licht der Liebe. Ohne Liebe gibt es kein harmonisches Zusammenspiel der weiblichen und männlichen Energien. Nur durch die Lichtkraft der Liebe bewegen wir uns harmonisch im wunderbaren Tanz der strömenden Lebensenergie. Durch das Öffnen zur Quelle des Lichtes können wir staunend die Freuden des Daseins erleben. Wir werden erfüllt mit Begeisterung. Die wahre Selbstverwirklichung findet auf dieser Ebene statt, nämlich im Lieben und Geliebt werden.

Wer da hingibt - der empfängt,
wer sich selbst vergisst - der findet,
wer verzeiht - dem wird verziehen,
und wer da stirbt - erwachet zum ewigen Leben.

Franziskus von Assisi

Der kosmische Mensch

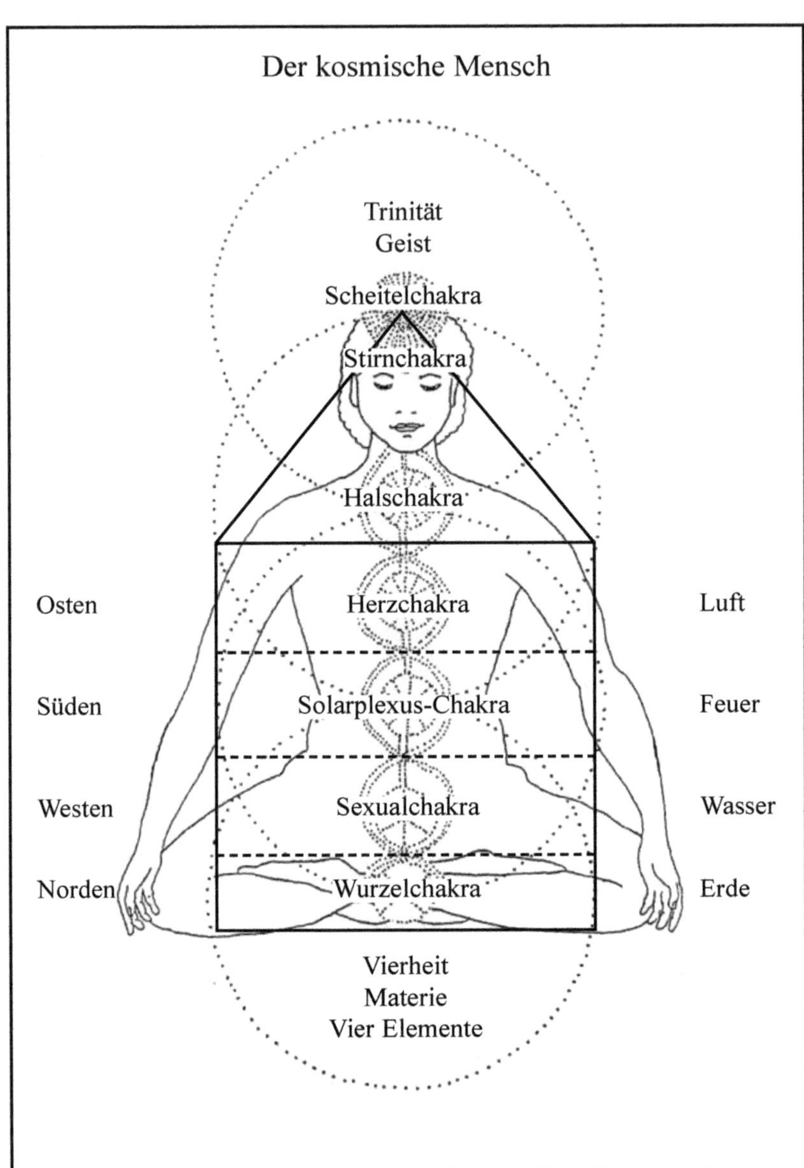

FÜHRE UNS NICHT IN VERSUCHUNG, SONDERN ERLÖSE
UNS VON DEM BÖSEN

Wir begleiten die Schwingungskraft dieses Mantras in das *Basis-* oder *Wurzelchakra*. Vom Steißbein dehnt dieses Kraftzentrum aus zum Beckenboden und durch die Füße hinunter zur Erde.

Das Basischakra stellt die Verbindung zur Erdenkraft her. Wir fühlen hier die Verwurzelung mit der Erde. Aus ihr sind wir gemacht, und der irdische Körper kehrt wieder zu ihr zurück, wenn der feinstoffliche Körper den Leib verlässt.

Wir erleben hier die ursprüngliche Beziehung zur materiellen Welt. Das Basischakra stimuliert diejenigen Kräfte, die wir zum Leben brauchen. Es sind die Ich-Bedürfnisse. Das Vertrauen in die Kräfte des natürlichen Kreislaufs gibt uns Standfestigkeit. Ein waches Interesse besteht allem gegenüber, was das Leben bereit hat in seiner ganzen Fülle. Hier besteht die tiefste Verbundenheit mit der Materie.

Die größte Gefahr für den Menschen besteht darin, dass er die geistigen Gesetze hinter der Materie nicht erkennt. Er glaubt nur an das, was er mit den physischen Sinnesorganen wahrnimmt. Er erkennt nur die verdichtete Form des sich manifestierenden Gottesfunkens, die Verbindung zur spirituellen Lichtquelle ist verschlossen. Unbelichtete Materie ist ohne Liebe, die

Verweigerung dem Lichte gegenüber bedeutet Dunkelheit und Trennung.

Führe uns nicht in Versuchung,
sondern erlöse uns von dem Bösen.

Ein blockiertes Basischakra ist die Ursache von vielen Versuchungen. Es besteht die Tendenz, sich in der Materie zu verirren. Die Sinne sind nur auf das Stoffliche gerichtet, das ganze Denken auf die Befriedigung der körperlichen Bedürfnisse wie Essen, Trinken, sexueller Triebe, Prestige, Macht usw.. Wut und Aggressionen sind die häufigsten Emotionen bei einem blockierten Basischakra. Wenn diese primären Gefühle verdrängt werden, breiten sich Ängste aller Art aus oder auch Depressionen. Es herrscht Dunkelheit in unserer Seele.

Lass uns nicht verloren gehen an Oberflächliches und Materielles.

Wenn die Chakras aber alle geöffnet sind und im Uhrzeigersinn drehen, fließt Lichtkraft aus der obersten Quelle, und der ganze Körper wird mit Lichtkraft durchflutet. Im Basischakra schlummert die kraftvolle Kundalini-Energie wie eine zusammengerollte Schlange. Es ist die weibliche Kraft der Erdenmutter, die durch alle Chakras aufsteigen und sich mit dem Gotteslicht vereinen kann. Dieses Ereignis bedeutet für den Betroffenen eine unbeschreibliche Ekstase von Glückseligkeit, verbunden mit Lichtvisionen von hellster, weißer Farbe.

Diese Verbindung bleibt dann immer bestehen, und die Kraft aus der spirituellen Ebene befruchtet das ganze Denken. Die Kraft der Liebe veredelt alle Bedürfnisse des Körpers. Ein harmonischer Energiefluss schenkt körperliches und seelisches Wohlbefinden, und daraus resultiert eine ruhige, kontemplative Lebenshaltung. Viele Probleme, die durch die Hektik und innere Unausgeglichenheit entstanden sind, verschwinden. Durch die tägliche

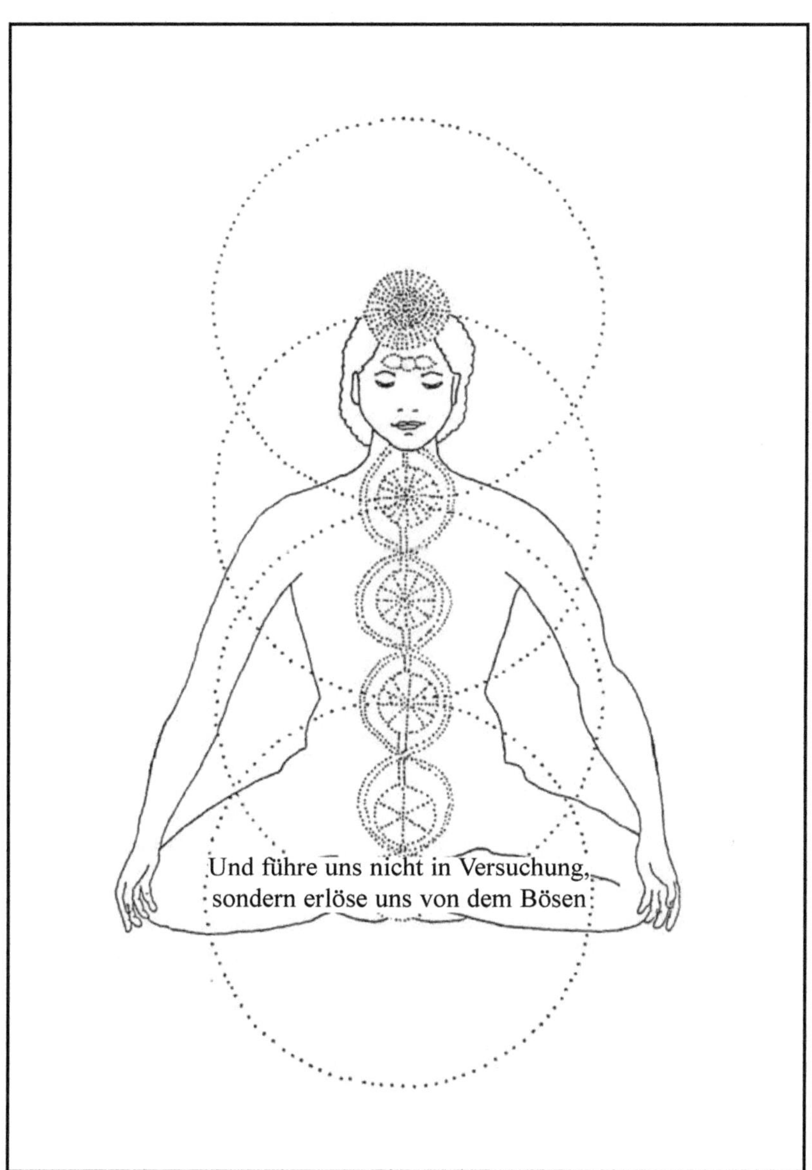

Und führe uns nicht in Versuchung,
sondern erlöse uns von dem Bösen.

VATERUNSER-Meditation haben wir einen Schlüssel, der uns den Zugang zur Quelle des göttlichen Lichtes öffnet. Die Energien der Mutter Erde, die durch das Basischakra einströmen und die Energien des Himmlischen Vaters, die aus dem Scheitelchakra einfließen, durchströmen unser ganzes feinstoffliches Energiesystem. Durch die Meditation fließt der Strom harmonisch, wir sind immer mehr zentriert, ganz im Sein, im Hier und Jetzt. Durch das Herzchakra, die Liebeskraft, bilden wir die stärkste Resonanz zur All-Liebe.

Christus in der Seele erwarten heißt, das innere Licht erwarten. Darauf bezieht sich das Gleichnis von den zehn Jungfrauen, die auf den Bräutigam warten. Fünf von ihnen, die irdischen Sinne, sind töricht, sie haben nur das Stoffliche erkannt. Fünf aber, die inneren Sinne, sind klug, da sie geistig empfinden. Sie haben rechtzeitig für Öl gesorgt und ihre Lämpchen gefüllt. Sie waren voll des Lichtes. Die Schwingungsfrequenz des Wurzelchakras entspricht der Farbe ROT. Sie ist Sinnbild für Vitalität, Aktivität und Angriffsbereitschaft. Rot steht zudem für Tatkraft und Durchsetzungsvermögen. Es sind diejenigen Kräfte, die benötigt werden, um die Existenz auf dieser Erde mit der notwendigen Standfestigkeit zu bewältigen.

Auf der physischen Ebene stimuliert das Wurzelchakra alles Feste im Körper. Dies umfasst die Knochen, die Zähne, die Wirbelsäule und die Nägel. Auch der Enddarm, die Prostatadrüse, das Blut und der Zellaufbau werden von diesem Zentrum aus mit Energie versorgt. Die Tätigkeit der Nebennieren, welche die wichtigen Hormone Adrenalin und Noradrenalin produzieren, wird von hier aus gesteuert. Diese Hormone sind lebenswichtig, sie geben die Bereitschaft zur Aktion und Reaktion. Auch das Temperaturgleichgewicht des Körpers hängt von der Tätigkeit der Nebennieren ab.

Wir könnten die sieben Chakras mit den Saiten eines Musikinstrumentes vergleichen: Die gröberen Saiten erzeugen tiefe Töne, die feineren die höheren Töne. Im Wurzelchakra herrscht die niederste Schwingungsfrequenz, der tiefste Ton. Je höher wir steigen, desto höher werden die Töne. Durch den Fluss der Energien erzeugen wir eine himmlische Musik. Sollte eine Saite verstimmt sein, haben wir durch unsere Meditation, insbesondere die hier dargelegte VATERUNSER-Meditation, eine wunderbare Möglichkeit, alle Saiten wieder zu einer wohlklingenden Harmonie einzustimmen. Diese himmlische Harmonie äußert sich in unserem Dasein als Lebensfreude und tiefer Frieden. Körperliches und seelisches Wohlbefinden breiten sich aus.

C.G. Jung sagte: *»Was man fast als systematische Blindheit bezeichnen könnte, ist lediglich die Folge des Vorurteils, dass sich Gott außerhalb vom Menschen befindet.«*

Alles ist im Menschen enthalten. Er ist ein Spiel der großen kosmischen Gesetze. Makrokosmos und Mikrokosmos vereinen sich im Wesen Mensch.

Farbenpracht macht blind des Menschen Aug.
Klangreichtum macht taub des Menschen Ohr.
Feinschmeckerei macht schal des Menschen Mund.
Hetzen und Jagen machen toll des Menschen Herz.
Schwer erlangbare Güter verwirren des Menschen
Wandel.

Darum der Weise:
wirkt für das Innere nicht für das Äußere.

Das eine lass, das andere erfass!

Lao Tse[10]

Denn dein ist das Reich

Mit diesem Mantra verweilen wir mit unserem Bewusstsein im *Wurzelchakra*, spüren die Verbindung zur Erdenkraft durch unsere Füße und durch die Sitzfläche.

Die Schwingungskraft der Mantras des Vaterunsers hat nun der Reihe nach alle Chakras aktiviert, und jetzt sind wir bereit, die heilenden Lichtwellen zu fühlen, die vom Scheitelchakra einströmen und den ganzen Energiekörper vom Kopf bis zu den Füssen durchfluten. Jede Zelle wird erneuert und geheilt durch einen harmonisch fließenden Strom des göttlichen Lichtes. Vom Wurzelchakra aufwärts bewegt sich sanft die Kraft der Erde und auf diese Weise vereint sich Himmel und Erde in unserem Energiesystem. Das Licht ergießt sich weiter in die feinstofflichen Lichtbahnen, die uns mit Yang- und Yin-Energie durchströmen und dabei Körper und Seele mit Lebensenergie beschenken, damit wir aufblühen können im Liebeslicht Gottes.

Dein ist das Reich

Es ist das Erdenreich, das der Schöpferimpuls geschaffen hat in Seinem Namen. Durch die Brechung Seines Lichtes in die unterschiedlichsten Schwingungsfrequenzen ist das Reich der Materie geworden, in das wir inkarniert sind. Wir erkennen den Urgrund allen Seins und preisen Seine ganze Schöpfung, Sein Reich. Wir lenken die Aufmerksamkeit in die Mitte des Bauches, in das Hara. Hier schöpfen wir die vitalen Kräfte und durchwärmen unseren Körper.

Wir sind Teil des Erdenreiches, welches endlich ist. In Verbindung mit der Kraft des Himmlischen Vaters werden wir zu Seinem Reich. Sein Reich ist unendlich, denn Seine Kraft ist von einer andern Beschaffenheit. Es ist feinste Lichtkraft, die an keinen Raum und an keine Zeit gebunden ist.

Liebe ist die stärkste Kraft im Universum
Liebe überwindet Zeit und Raum und Tod.

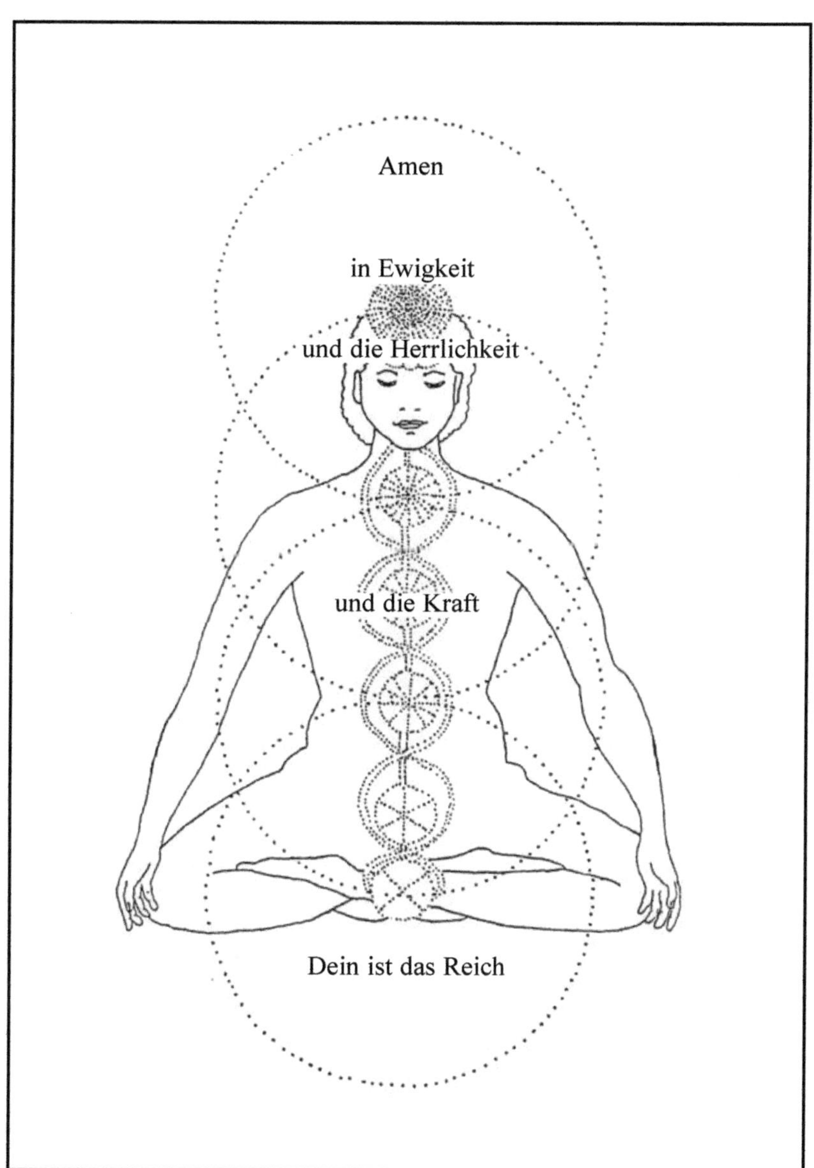

Amen
in Ewigkeit
und die Herrlichkeit
und die Kraft
Dein ist das Reich

Und die Kraft

Mit diesem Mantra verlassen wir die Beckengegend und begleiten mit unserem Bewusstsein die Energie aus der Erde weiter
nach oben. Wirbel um Wirbel zieht sie aufwärts ins Herzchakra.
Dort verweilen wir, im Zentrum der Liebe.

Das niedere Selbst aus den Erdenkräften vereint sich hier mit
dem Höheren Selbst aus der höchsten Lichtquelle. Hier ist der
Kreuzungspunkt vom Ich und dem All. Ein Wirbel von Energien
verströmt sich genauso, wie wir es im physischen Leib vor Augen
haben. Das Herzorgan mit den spiralförmigen Muskelsträngen
pumpt als zentrales Organ das Blut, unseren Lebenssaft, in alle
Bereiche unseres Körpers, nach unten und nach oben und von
oben nach unten. Dies ist der materielle Ausdruck für das, was
sich im feinstofflichen Körper abspielt.

Die lebensnotwendige Nahrung der Seele ist die Liebe. Sie ist
die stärkste Kraft, Seine Kraft. Aus Liebe hat Er seinen Sohn
geschickt. Seine Kraft ist zum Sohn geworden. Durch die Kraft
der Liebe sind wir selbst Träger des Erlösungsgedankens. Die
Materie wird transzendiert, Lichtkraft dehnt sich aus und führt
uns hin zur Quelle des ewigen Daseins. *»Niemand kommt zum
Vater als durch mich.«* Nur über die Liebe des Herzens ist die Verbindung zum göttlichen Sein möglich. Wir sind Träger des

Christus-Lichtes in dieser Welt durch die Kraft des Herzens. Das Herzchakra wird, wie bereits erwähnt, als zwölfblättrige Lotosblüte dargestellt. Jesus hatte zwölf Apostel um sich. Alles besteht aus der Wirkungskraft der Trinität, die man als Dreieck darstellt. Vier ist der Inbegriff der Materie, die aus den vier Elementen gewoben ist. Legt man vier Dreiecke übereinander, bekommen wir den Zwölfstern, einen wunderbaren Ausdruck der kosmischen Gesetze, die alle Ebenen gestalten.

»Ich bin das Licht der Welt.« Mit dieser Aussage bezeugt Jesus, dass er als Gesandter der Lichtkraft des Himmlischen Vaters kam. Durch unsere eigene Liebe sind wir Träger der Lichtkraft. Das Christus-Licht ist in allem; mit einem offenen, von Liebe erfüllten Herzchakra offenbart sich dieses Licht. Durch die Liebe des Herzens spiegeln wir selbst das himmlische Licht. Die oft etwas süßlichen Darstellungen von Jesus mit dem entblößten Herzen sind doch, auch wenn diese Bilder heute als kitschig empfunden werden, Ausdruck eines Wissens um diese inneren Zusammenhänge.

Die Herzenskraft ist an keine Dogmen gebunden. Sie ist Gottesbegegnung, frei und individuell. Sie ermöglicht uns eine liebevolle Begegnung mit allen Mitmenschen, achtet jeden Menschen als Träger der Lichtkraft, unabhängig davon, zu welcher Religionsgemeinschaft er sich zugehörig fühlt. Die mystische Verschmelzung mit der Liebeskraft Gottes umfasst alles Geschaffene.

Elemente und Zodiak

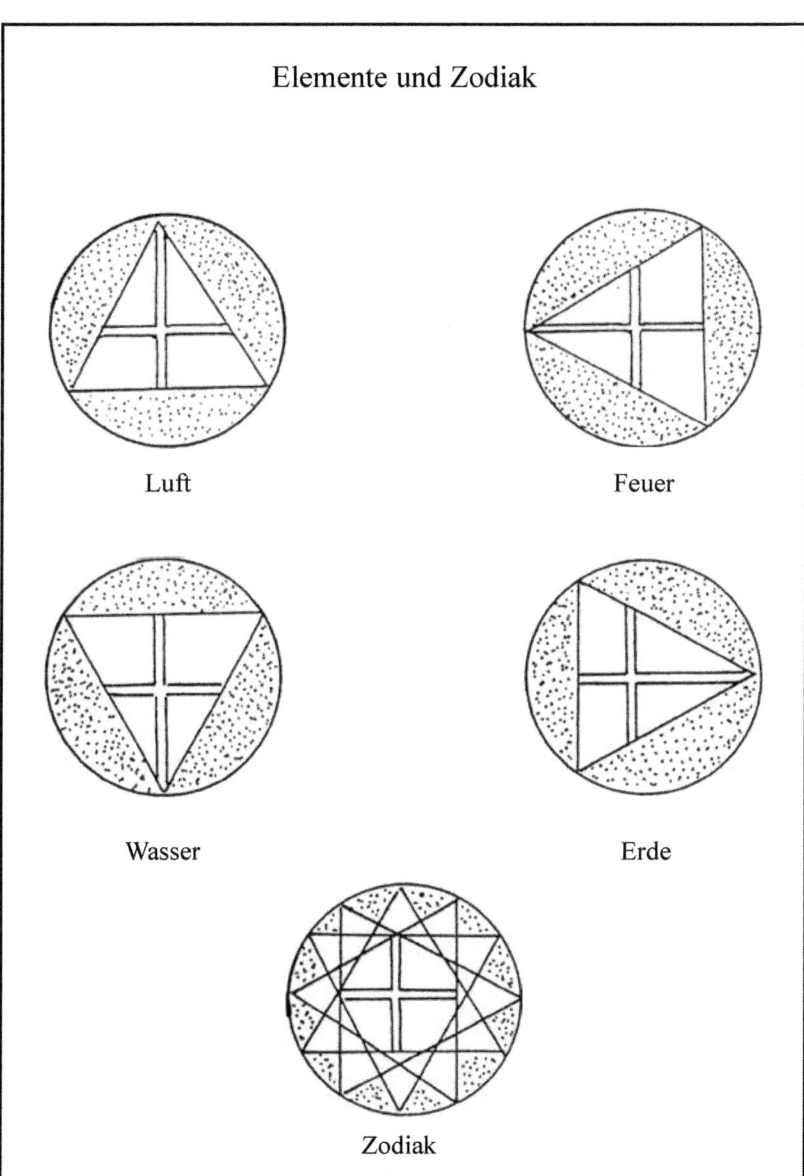

Mit diesem Mantra entfernen wir uns langsam aus dem Brustraum und begleiten unser Bewusstsein hinauf in die Stirnmitte, etwas oberhalb der Nasenwurzel. Wir befinden uns im Dritten Auge.

Von diesem Punkt aus werden wir sehend. Hier nehmen wir staunend Anteil an den Herrlichkeiten des Verborgenen. Wir sehen in die Tiefe der feinstofflichen Vorgänge. Was sich zu Beginn leise als Farbe zeigt, wird mit zunehmender Verfeinerung des Lichtkörpers immer deutlicher. Wir sehen die Chakras mit ihren pulsierenden, sich stetig bewegenden Lichtspielen. Durch das Hineinsehen in subtilere Ebenen, sei es mit geschlossenen Augen in der Meditation oder mit offenen Augen als Wahrnehmen einer Aura oder des weißen Lichtes, das aus allem strahlt - immer stellt es eine tiefe Verbundenheit dar zur All-Liebe, zum Himmlischen Vater oder, wie diese Kraft auch genannt werden kann, zum inneren Geliebten.

Durch dieses Öffnen sind uns keine Grenzen mehr gesetzt. Im Geiste gibt es keine Trennung, und wir sind in Lage, den Energiekörper eines anderen Menschen mit Empathie zu erfühlen. Wir können kranken Menschen helfen, indem wir uns in ihren Lichtkörper einschwingen und in meditativer Betrachtung Blockaden im Energiesystem des anderen auflösen. Dadurch befreien wir den Körper und die Seele von Schmerzen oder anderen Übeln. Wir können Heilkräfte aussenden in die Natur und zu allen Kreaturen. In Verbindung mit der All-Liebe bewirken wir in der Stille ganz Großes, denn die Wirkungsenergie ist Liebe, sie verströmt sich als Lichtenergie. Sie kann nicht wirken, wenn das Bewusstsein auf die Befriedigung egozentrischer Bedürfnisse hinzielt. Die VATERUNSER-Meditation dagegen erhebt uns ins Lichtbewusstsein, das ohne Raum und ohne Zeit ist.

Wir öffnen die inneren Sinne und nehmen staunend Anteil an Seiner Herrlichkeit. Erahnen wir erst einmal die inneren Zusammenhänge der Dinge, wird das alltägliche Leben zu einem aufregenden Erlebnis. Der Schöpfer hat uns als freudige Wesen geschaffen. Wir haben oft bloß verlernt, mit offenen Augen durch die Welt zu gehen, weil sich unser Denken zu sehr in die Materie verstrickt hat. Durch die Meditation entfalten wir die inneren Sinne, damit wir teilhaftig werden an Seiner Herrlichkeit.

IN EWIGKEIT

Mit diesem Wort lenken wir das Bewusstsein zum obersten Punkt
unseres Kopfes. Hier ist der Berührungspunkt des Göttlichen mit
dem Menschen. Durch diese Pforte fließt uns die hellste Lichtkraft aus der spirituellen Ebene zu. Sie erfüllt uns mit Lebenskraft, die unsere Seele und unseren Körper stärkt und ein Heil-
sein bewirkt, das uns wie ein Schutzmantel umhüllt. Hier berühren wir die Einheit, die außerhalb von Raum und Zeit ist, Vater-
Mutter-Gott. Es ist die Ebene der absoluten Vollkommenheit,
Durchlichtung der Materie und Rückführung zur ungetrübten,
hellsten Lichtkraft. Hier nähern wir uns der aufblitzenden Möglichkeit höchster Ekstase von Freude und Liebe.

Es ist die Ebene des Himmlischen Vaters, die Einheit aller Dinge. Durch das Aussenden Seines Lichtes in Myriaden von
Schwingungsmustern und durch das stete Befruchten der Erden-
kräfte entsteht das große, tanzende Spiel der Atome. Wir sind eingebettet in diesen wunderbaren Tanz der Naturgesetze.

Die Seele wählt bei der Inkarnation diejenigen Schwingungsmuster aus, durch die sie die bevorstehenden Aufgaben am besten
lösen kann. Manchmal nimmt sie sich Schweres vor, manchmal
ist der Lernprozess ohne großen Leidensdruck zu bewältigen,
manchmal ist vielleicht eine »Ruhepause« dran. Die Seele trifft

die Auswahl der Eltern und die Umgebung, in der sie sich entfalten möchte. Das Ziel jeder Inkarnation ist es, ein Wegstück weiter zu kommen in der seelischen Vollkommenheit. Und niemals ist etwas gegen uns gerichtet, alles wurzelt in der Weisheit und Liebe des Allumfassenden und dient der Seele zur Entfaltung zum Lichte hin. Wie die Flamme der Kerze immer nach oben strebt, zieht es die Seele hin zur eigenen Kraftquelle. Es zieht sie hinauf zur Einheit, zur Urquelle allen Seins, zur All-Liebe, die in alle Ewigkeit währt. Dorthin kehrt die Seele zurück, wenn die Lebensaufgabe erfüllt ist.

AMEN

Amen heißt: So sei es. Mögen sich alle Kräfte der heiligen Worte entfalten! Mögen die Preisungen und die Bitten erfüllt werden! Wir bekräftigen die erlebte Kraftdurchströmung des Energiekörpers im Einklang mit der heilenden Schwingung der sieben Sätze des VATERUNSERS.

Das Amen entspricht dem östlichen »*OM*«. Diese heilige Silbe wird als Ursprung aller Dinge betrachtet. Wir nennen den göttlichen Ton aber auch das »Wort«. Es liegt in diesem, für unsere Ohren nicht hörbaren Klang eine subtile, ordnende Kraft. Es ist der Klang des Universums, der Myriaden von geometrischen Strukturen und Formen in die materielle Welt hineinwebt. Töne vermögen Materie zu ordnen. Mit Hilfe eines Musikinstrumentes sind Experimente gemacht worden mit Sand, welcher sich durch die Töne zu harmonischen geometrischen Mustern ordnete. Andere Experimente machen sichtbar, wie Musik auf der Oberfläche des Wassers geometrische Muster entstehen lässt.

Wenn einer Silbe oder einem Wort eine beseelte Kraft innewohnt, wird es zum Mantra. Mantras erzeugen kräftige, ordnende Schwingungen, die in Resonanz sind zur höchsten Lichtkraft. Die Ursprachen wie Sanskrit, Phönizisch, Althebräisch sind so gestaltet, dass der Buchstabe, die Zahl und das Wort den Aufbau der Schöpfung und das innere Wesen der Dinge spiegeln. Es sind die Sprachen mit der reinsten Schwingungskraft.

Die Schwingungskraft der Mantras der VATERUNSER-Meditation nun öffnet die Möglichkeit, die Seele in jene Vibration zu bringen, die hinführt zur höchsten Lichtquelle. Dies ist das Ziel der täglichen Meditation. Es ist der Weg zurück zum Ursprung, zum Grunde unseres innersten Selbst, dem göttlichen Funken in uns. Der ganze Reichtum liegt in uns selbst.

Asatoma Satgamaya
Tomasoma Jyothirgamaya
Mrithurma Amruthamgamaya

Sanskrit

Vom Unwirklichen führe mich zum Wirklichen,
Von Dunkelheit führe mich zum Licht,
Vom Tod führe mich zur Unsterblichkeit.

Das Kreuzzeichen

Mit dem Kreuzzeichen verbinden wir mit einer Handbewegung das Dritte Auge mit dem Herzchakra, die linke Körperseite mit der rechten. Durch diese Berührung mit den Händen entsteht eine zarte Vibration in unserem Energiekörper. Die oberen Chakras werden mit den unteren verbunden. Dieses Ritual hat eine starke innere Bedeutung.

Wir berühren das Stirnchakra, das Zentrum der Schöpferkraft

IM NAMEN DES VATERS

verbinden es mit dem Herzzentrum, der mystischen Personifizierung des Gottes-Sohnes, des Christus-Lichtes und der Liebe;

UND DES SOHNES

berühren horizontal die beiden Seiten des Halszentrums. Hier vernehmen wir die geistigen Inspirationen, wir hören nach innen und erfahren die Weisheit des Heiligen Geistes. Sie findet Ausdruck in allen Naturgesetzen, ist Ausdruck der göttlichen Schöpferintelligenz, die in allem wirkt.

Durch das Zusammenführen der Hände verbinden wir die Yin- und Yangkräfte, Ausdruck des schöpferischen Sich-Ergiessens ins Materielle. Wir verneigen uns demütig vor der All-Macht des Schöpfers.

AMEN. So sei es.

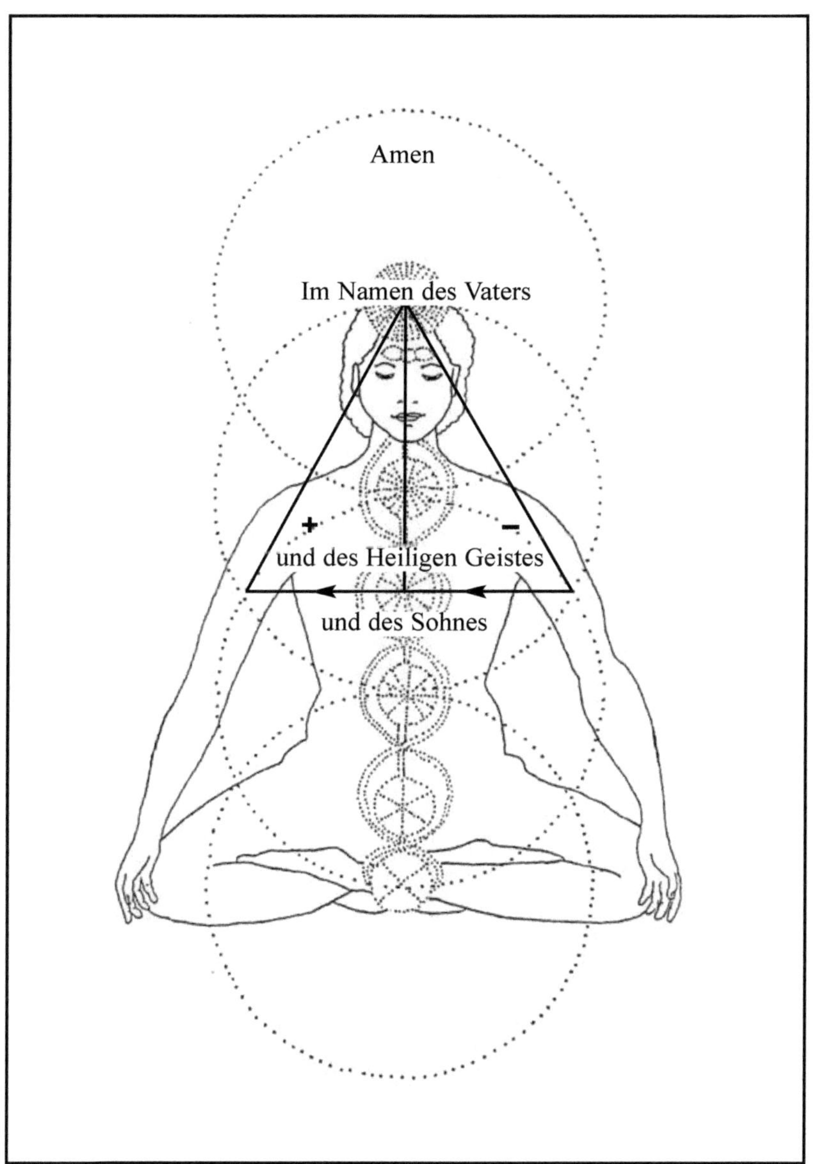

Amen
Im Namen des Vaters
+
−
und des Heiligen Geistes
und des Sohnes

Segen der täglichen Meditation

Die VATERUNSER-Meditation löst einen Wachstumsprozess von innen heraus aus. Ganz langsam entfaltet sich eine Seelenqualität nach der andern. Wie sich die Knospe einer Blüte durch die Einwirkung des Sonnenlichtes erst öffnet und die ganze Farbenpracht der Blume nach außen bringt, entfalten sich die Blüten der Chakras durch das Einfließen des göttlichen Lichtes in ihren prächtigsten Farben. Es ist ein Entwicklungsprozess der ganzen Persönlichkeit.

Das bewusste Wahrnehmen der Geschehnisse im Alltag erweitert unser Bewusstsein. Eine tiefste Sinnfindung erhellt das Lebensziel mehr und mehr. Die Grenzen des normalen Bewusstseins dehnen sich aus, denn die Wahrnehmungsfähigkeit wird gesteigert und eine geistige Wachheit entsteht im Lichtbewusstsein. Selbst das Schlafbedürfnis wird herabgesetzt, da wir durch die Meditation innerlich wacher werden. Eine kurze Meditation bringt das gleiche Maß an Erholung wie normalerweise ein paar Stunden Schlaf! Es findet zudem eine Verfeinerung des ganzen Wesens statt. Die Schwingungen der Umgebung werden klarer wahrgenommen, auch die Gedanken, die Gefühle unserer Mitmenschen werden intuitiv wahrgenommen. Durch einen harmonischen Energiefluss werden wir zunehmend befreit von den eigenen Blockaden. Ein tiefer Friede und Lebensfreude ist nun die Grundstimmung unseres emotionellen Befindens. Auch die Konzentrationsfähigkeit nimmt zu. Durch die VATERUNSER-Meditation sinken wie angedeutet die Hirnfrequenzen zu Beginn in den Alpha-Zustand. Dieser Zustand ermöglicht eine entspannte geistige Wachheit. Sinken die Frequenzen noch tiefer, treten vermehrt Theta-Wellen auf. Das weist auf körperliche Ruhe und Wohlbefinden hin. Die Aufzeichnungen des Elektroenzephalogramms (EEG) zeigen die Gehirnfrequenzen hier in konstanter, harmonischer Ordnung. Beide Seiten pulsieren im Gleichtakt: Es herrscht Einheitlichkeit. Ein Informationsaustausch findet zwischen den beiden Gehirnhälften statt; beide Seiten befruchten einander. Das hat eine zunehmend zentrierte Seelenhaltung zur Folge, denn wir betrachten die Welt nun aus unserer Mitte. Diese Persönlichkeitshaltung verschafft uns eine große innere Freiheit. Wir werden nicht mehr getrieben von äußeren Umständen, sind nicht länger Spielball der Interessen anderer. Indem wir zentriert sind, strahlen wir unsere Energie nach außen ab. Wir gewinnen nicht nur einen großen inneren Freiraum, sondern auch die Möglichkeit, die eigene innere Führung klar zu erkennen, und den Mut, danach zu leben.

Eine innere Bereicherung findet statt. Immer klarer wird uns, dass die wahre Quelle der Freude in unserem Inneren liegt, und immer mehr erkennen wir den falschen Wert der Dinge dieser Welt. Diese Erkenntnis macht uns zu unabhängigen Menschen. Wir stehen nicht mehr unter dem Zwang von Prestige und Machtkampf, wohlwissend, dass nur der innere Reichtum die wahren Freuden bereitet. Ein kontemplativer, beschaulicher Lebensstil löst das hektische Treiben ab. Die innere Harmonie strahlt nach außen und beeinflusst auch unsere ganze Umgebung positiv. Wir sind in Verbindung zur kosmischen Kraftquelle, der feinsten Lichtfrequenz. Sie durchdringt jeden Menschen, der sich dafür öffnet. Ruhe, Geborgenheit, Frieden und Lebensfreude sind der Lohn, der aus der Stille der Meditation fließt und unseren Alltag unendlich bereichert. Die Ruhe entfernt uns aber keineswegs von den Realitäten des Alltags, im Gegenteil: Wir erleben in den alltäglichen Begebenheiten die unermesslichen Verknüpfungen von innen und außen. Staunend und dankbar werden wir dasjenige betrachten, was uns zufällt. Wir sehen: Es gibt keine Zufälle. Alles ist wohlgeordnet. Das Außen zeigt uns das Innere.

Ein Mensch, der wahrhaft die Verbindung sucht zur All-Liebe, wird reich belohnt. Innerlich unabhängig und frei findet die Begegnung statt mit der höchsten Lichtkraft, mit dem Himmlischen Vater. Es gibt nur eine Bedingung, das ist echte Suche, echtes Verlangen nach der inneren Wahrheit. Diese ist immer gegenwärtig - nur wir sind es, die sich allzu leicht im dichten Schleier der Materie verirren, in den Alltagssorgen beinahe ersticken und den wahren, tiefen Sinn des Lebens nicht mehr erkennen.

Ein geistig erwachter Mensch erfährt durch die Meditation auch seine Schattenseiten und kann diese annehmen. Alles im Leben Erfahrene bleibt im Lichtkörper eingeprägt. Schwierige Momente hinterlassen ihre Spuren und blockieren manchmal das Energiesystem. Eine aufmerksame Wahrnehmung der schmerzlichen Gefühle wird diese Einprägungen klären. Der geistig erwachte Mensch braucht keine Feindbilder, auf die er seine ureigensten Schwächen projizieren kann. Er weiß um die Polarität in allem Geschaffenen. Er weiß um der Erkenntnis willen, dass das Gute das Böse braucht, dass Liebe den Hass braucht, Demut den Stolz. In allem wirkt Yin und Yang, auch in unseren eigenen Innern. Der geistig erwachte Mensch trägt die Verantwortung allein, er schiebt diese Verantwortung nicht auf andere oder auf die Umstände ab. Er achtet auf die Reinheit der Gedanken und weiß: Gedanken erzeugen Schwingungsfelder. Sie gehen nicht verloren, sondern weben an der eigenen Zukunft. Jeder Gedanke, der beseelt ausgesandt wird, will sich wie bereits angedeutet materialisieren, im Guten wie im Bösen. Denken wir an die Heilkräfte im Guten und an die Flüche im Bösen. Jeder Tatimpuls schafft bereits Karma. Das heißt, es wird schon auf einer ganz subtilen Ebene bereits an der Verwirklichung gewoben.

Nach Aufzeichnungen von Johannes (14,11-16), sagte Jesus: *»Um was ihr bitten werdet in meinem Namen, das will ich tun.«* *»Ich werde den Vater bitten, dass er euch einen Stellvertreter für mich gibt, den Geist der Wahrheit, der für immer bei euch bleibt. Die Welt kann ihn nicht bekommen, denn sie sieht ihn nicht und kennt ihn nicht. Aber ihr kennt ihn, und er wird bei euch bleiben und in euch leben.«*

Ist dies nicht eine wunderbare Versprechung? Sie hat auch heute noch nichts von ihrer Gültigkeit verloren. Der Geist der Wahrheit lebt in jedem Menschen. Durch die Stille der Meditation wenden wir uns ab von der »Welt« und lernen mehr und mehr die Wahrheit kennen.

Der geistig erwachte Mensch kann verschiedene religiöse Anschauungen annehmen. Er fühlt sich mit anderen Menschen verbunden, egal zu welcher Religion sie sich bekennen. In der nachfolgenden kleinen Geschichte möchte ich diese Haltung schildern.

Irgendwo weit oben in den Bergen gab es einmal eine Quelle. Aus dieser Quelle floss ein wunderbares, heilendes Wasser. Als die Männer des Dorfes dies vernahmen, eilten sie zur Quelle, um aus dem wunderbaren Wasser zu schöpfen. Der Erste kam mit einem roten Eimer, füllte ihn und ging zurück ins Dorf. Der Zweite kam mit einem gelben Eimer, und auch er kehrte zurück ins Dorf. Und es kam noch ein Dritter, mit einem blauen Eimer. Nun waren sie alle wieder im Dorf und jeder hütete sorgfältig sein Wasser. Derjenige mit dem roten Eimer behauptete, dass heilendes Wasser rot sei, denn viele Menschen wurden durch sein

Wasser gesund. Aber die beiden anderen waren nicht minder überzeugt, dass allein ihr Wasser heilsam ist. Sie hatten nämlich bald vergessen, woher sie das Wasser bekommen hatten. Jeder sagte: »Trinkt nur von meinem Wasser, nur meines ist das wahre.« Sie begannen einen fürchterlichen Streit, und es kam sogar so weit, dass sie sich die Köpfe einschlugen. Jeder hatte bald seine Anhänger, und auch diese begannen sich zu bekriegen. Das Ganze dauerte lange Zeit an, bis einmal ein alter, weiser Mann ins Dorf kam und von der wunderbaren Quelle erzählte, aus der das heilsame Wasser kam. Einige nickten verständig, andere aber wandten sich ab und bezeichneten den alten Mann als gefährlichen Aufwiegler. Ende der Geschichte.

Passiert nicht heute noch dasselbe? Solche Auseinandersetzungen geschehen ganz offen - als Krieg oder versteckter als Unterdrückung.

Der geistig erwachte Mensch weiß, dass es viele Wege gibt für die Begegnung mit Gott. Er weiß, dass die Quelle des Lichtes für alle gleichermaßen fließt. Wir alle leben in Seinem Licht, das uns als Lichtkörper umhüllt, in den Chakras und Lichtbahnen durchflutet und den Körper lebendig und gesund bewahrt. Echte Gottesbegegnung ist kein vorgeschriebenes Erleben, es kommt in dankbarem Annehmen von innen heraus, denn es gibt nichts außerhalb Seines Lichtes. Dies ist der Segen der VATERUNSER-Meditation, wenn wir uns täglich die Zeit für die stille Versenkung, die Hingabe zur Quelle nehmen.

Die Schwingungskraft der Mantras

Indem wir das VATERUNSER-Gebet zu einem tiefen, inneren Erlebnis erheben, entwickelt sich aus jedem einzelnen Satz eine lebendige Kraft. Jeder Satz wird zu einem tiefen Symbol. Je inniger, konzentrierter sich die Worte in die tiefsten Schichten unseres Seins einprägen, umso kräftiger wird die Wirkung. Aus dem Wort wird ein Mantra, das uns hinführt zu der reinsten Quelle der Kraft. Diese Kraft ist in der Lage, unser ganzes Wesen zu verfeinern und stärkt bei steter Wiederholung den gesamten Energiekörper. Im Laufe der Zeit wird diese Kraft zur Herzenskraft. Sie äußert sich als Liebe und bildet die einzige Resonanz zur Schöpferkraft. Sie beeinflusst unser ganzes Energiesystem. Ganz leise verbessert sich unsere Gesundheit, weil energetische Blockaden aufgelöst werden. Die Beziehungen werden fruchtbarer und befriedigender. Die ganze Umgebung spiegelt den Reichtum, den wir im Inneren erhalten haben, wieder zu uns zurück.

Durch das Erleben der tiefsten Einheit mit Vater-Mutter-Gott, dem ungeteilten Licht, der Quelle der ganzen Schöpfung, lösen sich in den tiefsten Schichten alle Ursachen von Dunkelheit und Trennung. Es ist unser materiegebundene Denken, das die steten Leiden durch falsches Anhaften an Prestige, Macht und Gier verursacht. Langsam wandeln sich jedoch diese negativen Kräfte, welche gegen das Gesetz der Liebe verstoßen und das Energiesystem blockieren. Durch das Einfühlungsvermögen in die Bedürfnisse der anderen wächst die Güte und Toleranz. Wir brechen das Gefängnis der Absonderung auf und begegnen jedem Mitmenschen, jedem Lebewesen mit Liebe.

Durch die tägliche VATERUNSER-Meditation entwickeln wir mit jedem einzelnen Satz die tiefe Schwingungskraft der Worte, der Mantras. So wird das Mantra zu einem Instrument, mit dem wir immer mehr den Schleier entfernen, der uns von unserem eigenen göttlichen Funken trennt. Durch die Durchlichtung, die Durchflutung mit feinsten Lichtteilchen aus der reinsten Schwingungsebene, werden wir zunehmend von Lebensfreude erfüllt. Es ist eine tiefe, von innen erstrahlende Freude, unabhängig von äußeren Umständen, weil sie die Resonanz darstellt zur göttlichen All-Liebe. Wir ziehen die All-Liebe in uns herein und lassen sie durch unser Herzchakra ausströmen in unsere ganze Umgebung. Durch das Herzchakra werden die Energien aus den unteren Chakras, die die Verbindung zur Erde sind, veredelt. Durch unsere Wesensmitte entfernen wir uns aus dem an Selbstzwecke gebundenes Denken. Wir erfüllen dadurch ein kosmisches Gesetz. Wir tragen das Christus-Licht in unseren Herzen. Das Kreuz bedeutet die Überwindung der Materie: Wir selbst müssen den Erlösungsweg gehen. Jesus war uns ein Vorbild.

Das VATERUNSER ist ein magischer Schlüssel zur kosmischen Lichtkraft. Was mir in den Meditationen zugeflossen ist, sind kleine Mosaiksteinchen. Dieses wunderschöne Gebet birgt noch viele tiefe Geheimnisse. Durch die Stille der Meditation wird in jedem von uns die Verbindung zur Quelle der göttlichen Inspirationen hergestellt. Die Wirkungskraft des VATERUNSER-Gebetes als Chakra-Meditation ist sicherlich so intensiv, weil wir mit Körper und Seele im Einklang beten. Diese Form des Betens ist für die westliche Auffassung neu. Die Körperebene wurde bislang beim christlichen Beten ausgeschaltet; sie wurde ganz und gar ignoriert. Das hat mit einer gewissen Naturentfremdung und

Körperfeindlichkeit zu tun. Der Körper aber ist Träger des Lichtkörpers.

> *»Wisset ihr nicht, dass euer Leib*
> *ein Tempel des Heiligen Geistes ist,*
> *der in euch wohnet und den ihr von Gott empfangen habt,*
> *und dass ihr nicht euch selbst angehöret?*
> *Verherrlicht also Gott in eurem Leibe.«*
>
> (Kor. I. 3,16)

Unser Körper ist nach den wunderbaren kosmischen Naturgesetzen aus den Energien der Erdenmutter hervorgegangen. Er ist Träger des genetischen Musters, das von einer Generation zur anderen weitergegeben wird. Die Seele, die in den Körper inkarniert, bringt das spirituelle Muster mit. Beide zusammen sind Ausdruck der ganzen Persönlichkeit. Die Botschaften, die durch die Überlieferung der Essener zu uns gekommen sind, zeigen, dass Jesus beide Kräfte gleichermaßen verehrte. Er richtete sein Gebet an den Himmlischen Vater wie auch an die Mutter Erde. Nachdem er seine Jünger das VATERUNSER gelehrt hatte, sagte er weiter:

> *»Und betet auf diese Weise auch zu eurer Erdenmutter:*
> *Unsere Mutter, die du bist auf Erden,*
> *geheiligt sei dein Name.*
> *Dein Reich komme*
> *und dein Wille geschehe in uns, wie in dir.*
> *Da du jeden Tag deine Engel sendest,*
> *so sende sie auch zu uns.*
> *Vergib uns unsere Sünden,*
> *wie wir alle Sünden gegen dich sühnen.*
> *Und führe uns nicht in die Krankheit,*

Und sie alle beteten zusammen mit Jesus zum Himmlischen Vater und zur Erdenmutter. Und danach sprach Jesus zu ihnen:

»Genauso wie euer Körper durch die Engel der Erden-
mutter wiedergeboren werden, genauso möge euer
Geist durch die Engel des Himmelsvaters wiedergeboren
werden.«[11]

Das harmonische Zusammenspiel der beiden Kräfte wird hier mit großer Liebe und großem Wohlwollen geschildert. Ich finde diese Übersetzungen so reichhaltig und umfassend, und für die Gegenwartssituation der Menschheit sind sie von großer Bedeutung. Vor allem der nachfolgende Text möge zum Nachdenken anregen:

»Dann soll der Sohn des Menschen Frieden mit dem
Reich der Erdenmutter suchen, denn niemand kann
leben oder glücklich sein, der nicht seine Erdenmutter
ehrt und ihre Gesetze befolgt. Denn euer Atem ist
ihr Atem; euer Blut ist ihr Blut; eure Knochen sind
ihre Knochen; euer Fleisch ist ihr Fleisch; eure Einge-
weide sind ihre Eingeweide; eure Augen und Ohren
sind ihre Augen und Ohren. Ich sage euch, wahrlich,
ihr seid eins mit der Erdenmutter; sie ist in euch und
ihr seid in ihr. Aus ihr wurdet ihr geboren, in ihr lebt

*ihr, und zu ihr werdet ihr zurückkehren. Es ist das
Blut eurer Erdenmutter, das aus den Wolken fließt;
es ist der Atem eurer Erdenmutter, der in dem Laub
der Wälder wispert und mächtig von den Bergen
bläst; süß und fest ist das Fleisch eurer Erdenmutter
in den Früchten der Bäume; stark und unzerbrech-
lich sind die Knochen eurer Erdenmutter in den
riesigen Felsen und Steinen, die als Wachen der
verlorenen Zeit stehen blieben; wahrlich, wir
sind eins mit unserer Erdenmutter, und wer sich
an die Gesetze seiner Mutter treu hält, dem wird
auch sie treu bleiben. Aber der Tag wird kommen,
wenn der Menschensohn sein Gesicht von der
Erdenmutter abwenden und sie betrügen wird
und sogar seine Mutter und sein Geburtsrecht
verleugnen wird. Dann wird er sie in die Sklaverei
verkaufen und ihr Fleisch wird zerrissen werden,
ihr Blut vergiftet und ihr Atem erstickt, er wird
das Feuer des Todes in alle Teile ihres Reiches
bringen, und sein Hunger wird sie all ihrer
Geschenke berauben und an ihrer Stelle eine Wüste
zurücklassen. All dies wird er aus Unwissenheit
des Gesetzes tun, und so wie ein Sterbender nicht
seinen eigenen Gestank riechen kann, so wird der
Menschensohn blind vor der Wahrheit sein; so wie er
seine Erdenmutter plündert und verwüstet und zerstört,
so plündert und verwüstet und zerstört er sich selbst.
Denn er wurde aus seiner Erdenmutter geboren und
er ist eins mit ihr und alles, was er seiner Mutter antut,
tut er sich selbst an.«*[12]

Sind dies nicht treffende Worte für die heutige Lebenslage? Noch nie ist ein Umdenken und Handeln so notwendig geworden wie heute. Möge es bei jedem Einzelnen von innen heraus wachsen! Die tägliche VATERUNSER-Meditation ist dabei eine wundervolle Hilfe. Das Bewusstsein um die inneren Zusammenhänge wird erweitert, und wir werden durch unsere zunehmende Feinfühligkeit das schmerzliche Seufzen der Erdenmutter vernehmen. Wir werden dann alles vermeiden, was ihre Leiden noch verstärkt.

Wir verbreiten durch die positiven Schwingungen dieses Gebetes aufbauende, heilsam wirkende Energien. Beseelte Gedankenkräfte, die von Liebe getragen werden, sind die guten Bausteine der Zukunft. Noch sind viele negative Schwingungsmuster vorhanden; durch unsere Sensitivität werden wir unsere Seele davor bewahren. Niemand zwingt uns, brutale Filme anzuschauen. Wir selbst wollen lernen, unsere Gedanken vor negativen Einflüssen zu bewahren. Wir können uns bescheiden, entscheiden und dürfen ausscheiden, was für unser Seelenmuster schädlich ist.

Die Mantras des VATERUNSER bringen unsere sieben Chakras in harmonischen Einklang. Diese sieben Kraftzentren entfalten, wenn sie geöffnet sind, unsere Tugenden. Wenn sie geschlossen sind, zeigen sie uns die sieben Todsünden. Blockaden im Energiesystem bedeuten Verdunkelung der Gefühle und letztlich auch Krankheit des Körpers. Die beseelten Kräfte der Mantras bringen unseren feinstofflichen Körper in diejenigen Vibrationen, die den Fluss der Energien anregen und unsere Blockaden, unsere dunklen Flecken, zum Verschwinden bringen.

Die tägliche VATERUNSER-Meditation ist eine wunderbare Kraftquelle für ein geistiges und körperliches Wohlbefinden, denn alle Chakras werden geläutert. Die tiefen Zusammenhänge werden zunehmend erkannt, und das Erleben der Unmittelbarkeit des Göttlichen in allem wird gefördert.

Enochs Vision

Die nachfolgende Offenbarung, die Offenbarung Enochs, ist für mich zum täglichen Begleiter geworden. Die Nähe Gottes in allen Dingen schenkt eine tiefe Geborgenheit und ein großes Vertrauen in Seinen Willen, dessen Werkzeug wir sein dürfen.

ENOCHS VISION
Die älteste Offenbarung
Gott spricht zum Menschen

Ich spreche zu Dir.
Sei still, wisse, ich bin Gott.

Ich sprach zu dir
als du geboren wurdest.
Sei still, wisse, ich bin Gott.

Ich sprach zu dir
bei deinem ersten Blick.
Sei still, wisse, ich bin Gott.

Ich sprach zu dir
bei deinem ersten Wort.
Sei still, wisse, ich bin Gott.

Ich sprach zu dir
bei deinem ersten Gedanken.
Sei still, wisse, ich bin Gott.

Ich sprach zu dir
bei deiner ersten Liebe.
Sei still, wisse, ich bin Gott.

Ich sprach zu dir
bei deinem ersten Lied.
Sei still, wisse, ich bin Gott.

Ich spreche zu dir
durch das Gras der Wiese.
Sei still, wisse, ich bin Gott.

Ich spreche zu dir
durch die Bäume der Wälder.
Sei still, wisse, ich bin Gott.

Ich spreche zu dir
durch die Täler und Hügel.
Sei still, wisse, ich bin Gott.

Ich spreche zu dir
durch die heiligen Berge.
Sei still, wisse, ich bin Gott.

Ich spreche zu dir
durch Regen und Schnee.
Sei still, wisse, ich bin Gott.

Ich spreche zu dir
durch die Wogen des Meeres.
Sei still, wisse, ich bin Gott.

Ich spreche zu dir
durch den Tau des Morgens.
Sei still, wisse, ich bin Gott.

Ich spreche zu dir
durch den Abendfrieden.
Sei still, wisse, ich bin Gott.

Ich spreche zu dir
durch das Leuchten der Sonne.
Sei still, wisse, ich bin Gott.

Ich spreche zu dir
durch die funkelnden Sterne.
Sei still, wisse, ich bin Gott.

Ich spreche zu dir
durch den Sturm und die Wolken.
Sei still, wisse, ich bin Gott.

Ich spreche zu dir
durch Donner und Blitz.
Sei still, wisse, ich bin Gott.

Ich spreche zu dir
durch den geheimnisvollen Regenbogen.
Sei still, wisse, ich bin Gott.

Ich werde zu dir sprechen
wenn du allein bist.
Sei still, wisse, ich bin Gott.

Ich werde zu dir sprechen
durch die Weisheit der Alten.
Sei still, wisse, ich bin Gott.

Ich werde zu dir sprechen
am Ende der Zeit.
Sei still, wisse, ich bin Gott.

Ich werde zu dir sprechen
wenn du meine Engel gesehen hast.
Sei still, wisse, ich bin Gott.

Ich werde zu dir sprechen
in Ewigkeit.
Sei still, wisse, ich bin Gott.[13]

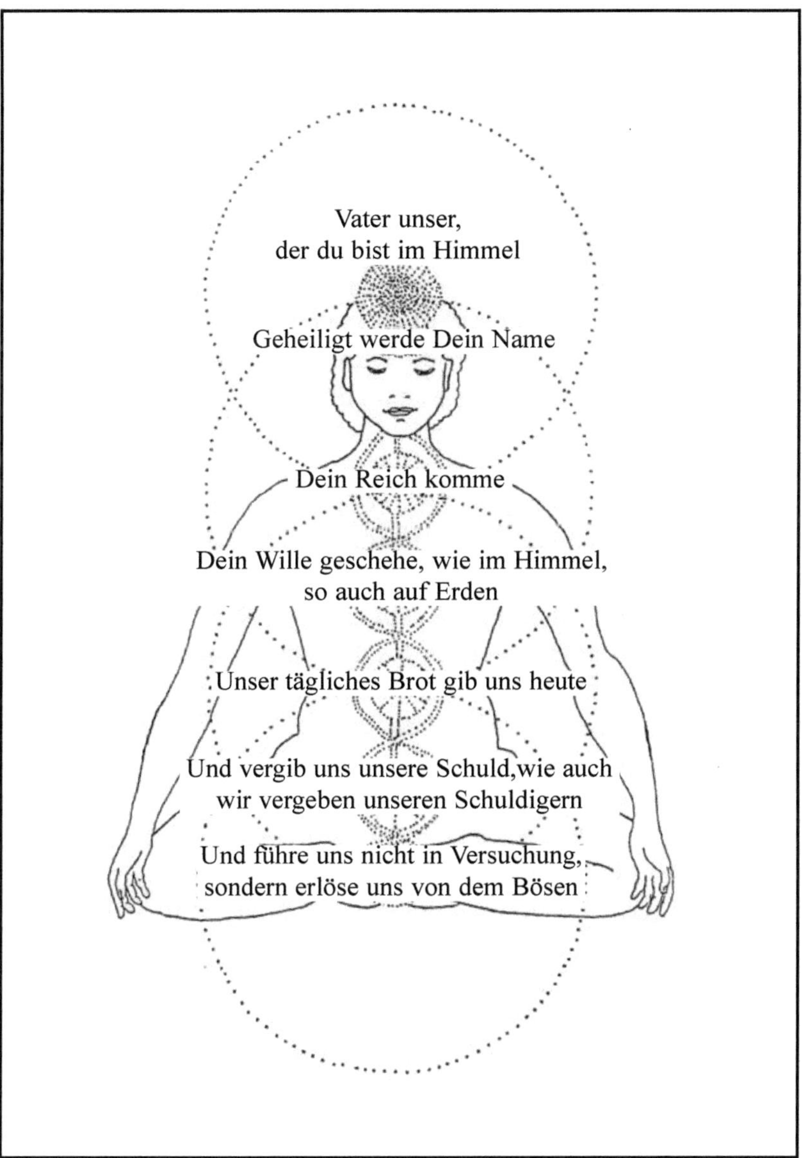

Vater unser,
der du bist im Himmel

Geheiligt werde Dein Name

Dein Reich komme

Dein Wille geschehe, wie im Himmel,
so auch auf Erden

Unser tägliches Brot gib uns heute

Und vergib uns unsere Schuld,wie auch
wir vergeben unseren Schuldigern

Und führe uns nicht in Versuchung,
sondern erlöse uns von dem Bösen

VATERUNSER-Meditation

Die nachfolgende Meditation kann Ihnen zu Beginn ein nützlicher Führer sein. Sie ist aus meinen persönlichen Inspirationen entstanden. Jeder Meditierende wird im Laufe der Zeit seine eigenen Inspirationen bekommen. In der Stille, frei von ablenkenden Gedanken, lauschen wir in uns hinein. Dort findet die Begegnung mit der göttlichen Lichtquelle statt. Jeder Mensch trägt in sich den göttlichen Funken, der durch die Liebe entflammt wird. Jeder hat eine individuelle Lebensaufgabe. Die weise Führung wird aus der Tiefe des Inneren immer besser wahrgenommen. Frieden, Freude, Geborgenheit und Gelassenheit sind die reichen Früchte, die uns zufallen durch die tägliche VATERUNSER-Meditation. Nur in der Ruhe, in der Meditation, fern von allem Lauten im Äußeren, findet die Begegnung statt mit der höchsten Glückseligkeit. Höchste Freude, höchstes Glück sind in uns verborgen.

Der nachfolgende Text eignet sich sehr gut auch für eine Gruppenmeditation. Wenn Sie jedoch, liebe Leserin und lieber Leser, für sich allein meditieren möchten, kann Ihre Meditationspraxis erleichtert werden, wenn Sie diese Meditation hören. Mit einem etwas kürzeren Text habe ich dafür die heilsame VATERUNSER-Meditation mit musikalischer Untermalung als CD gestaltet.

Wir setzen uns bequem hin, die Hände liegen mit den Handflächen nach oben auf den Oberschenkeln. Wir nehmen so Energie auf und geben sie wieder zurück in den Raum. Die Füße berühren den Boden. Wir spüren die Verbindung zur Erde durch die Füße und durch die Sitzfläche.

Wir schließen die Augen. Wir atmen tief ein und aus. Wir füllen den Beckenraum mit unserem Atem - füllen den Brustraum - den Hals - den Kopf - und atmen wieder aus. Wir lassen den Atem ausströmen über die Schultern, durch die Hände und atmen wieder ein - von unten wieder nach oben. Wir hüllen uns ein in einen harmonischen Kreislauf der Lebenskraft im Rhythmus des Atems. Die Energie der Erde fließt in uns ein, sie steigt von unten nach oben. Wir bereiten unseren Leib, unsere Seele vor, das Licht des Vaters, der All-Liebe, mit der Energie der Mutter Erde, deren Geschöpfe wir alle sind, zu vereinen.

Wir werden ganz ruhig, lassen alles Äußere nach und nach verstummen und öffnen uns ganz nach innen. Wir spüren die Geborgenheit in uns selbst. Gedanken, die kommen, lassen wir fließen, alles ist richtig und gut, wir nehmen uns wahr als Teil des innersten Selbst. Wir alle sind Teil des Ganzen, und doch ist jeder von uns als Individuum ein Tempel Gottes, jeder von uns ein leuchtendes Lichtwesen, das sich sehnt nach der Verbindung zur göttlichen Liebe.

VATER UNSER, DER DU BIST IM HIMMEL

Nun richten wir unsere Aufmerksamkeit zum obersten Punkt des Kopfes, zum Scheitelchakra. Wir lenken den Fluss des Atems in dieses Zentrum und dehnen es nach oben aus. Wir verbinden uns durch dieses Kraftzentrum mit der höchsten Schöpferebene.

Vater unser, der Du bist im Himmel

Wir verbinden uns mit Deiner ewigen Lichtkraft, aus der alles wurde und noch immer wird. Du bist das ungeteilte Licht, das alles in sich birgt. Wir verbinden uns mit Deiner unermesslichen Einheit, mit der All-Liebe, noch ungeteilt, alles in sich bergend und doch immer bereit, Dich zu verströmen und Myriaden von Formen und Farben mit der Erdenmutter zu schaffen. Wir sind ein Teil davon, Teil Deines großen Werkes, Spiegel Deiner weisen Gesetze, die im Großen wie im Kleinen wirken. Eingebettet in die Gesetzmäßigkeiten der Schwingungen der Planeten hat unsere Seele diese Inkarnation gewünscht. Sie hat jene Bedingungen gewünscht, in der wir nun stehen. Immer mehr werden wir unsere inneren Augen öffnen und die großen Zusammenhänge der äußeren Manifestationen mit unserem inneren, seelischen Befinden erkennen.

Aus Deiner Ebene, Himmlischer Vater, sind wir gekommen und kehren am Ende dieses Lebens gereift wieder zu Dir zurück.

Vater unser, der Du bist im Himmel.

Wir lassen es nachklingen.

GEHEILIGT WERDE DEIN NAME

Nun lenken wir unser Bewusstsein in das Stirnchakra. Dieses Zentrum liegt etwas oberhalb des Nasenansatzes, zwischen den Augenbrauen. Wir atmen in dieses Zentrum, in das Dritte Auge, durch das wir immer mehr die innere Wirklichkeit wahrnehmen.

Geheiligt werde Dein Name

Du, unser Schöpfer sprachst, und es wurde. Du sprachst das Wort, den Klang. Durch Deinen Impuls hat sich Deine Kraft materialisiert. Die ganze Schöpfung ist die beseelte Kraft Deines Namens. Das Verströmen der Kraft aus Deiner Einheit hat die Welt, in der wir leben, hervorgebracht. Es ist die Brechung Deines Lichtes in die Polarität, in die Gegensätzlichkeit.

Öffne unsere Augen, lass uns erfüllt werden mit Ehrfurcht und Respekt vor Deinem Werk. Wir sind ein Teil dieses aufs feinste aufeinander abgestimmte Schöpfergeschehens. Mögen die positiven Schwingungen dieses Gebetes dazu beitragen, die unzähligen Fehler, die an Deinem Werk geschehen sind, zu mindern.
Mache Du uns zu Deinem Werkzeug.

Läutere unsere inneren Sinne, läutere das Dritte Auge, damit wir immer feinfühliger werden und Anteil nehmen können an der inneren Wirklichkeit. Lass in uns das innere Schauen heranreifen, damit wir die Zusammenhänge zwischen innen und außen klarer erkennen.

Geheiligt werde Dein Name

Wir lassen es nachklingen.

Dein Reich komme

Nun richten wir unsere Aufmerksamkeit auf das Halschakra. Wir atmen vom Nacken her tief ein und öffnen das Halszentrum nach vorne wie eine Blüte in schönstem Hellblau und atmen wieder aus zum Nacken hin.

DEIN REICH KOMME

Dein Licht hat sich verströmt und zur Materie verdichtet und wirkt zusammen mit der Erdenkraft in weiser Intelligenz.
Durch das Halszentrum öffnen wir uns Deiner inneren Weisheit. Lenke in Weisheit alle unsere Schritte. Hier erkennen wir leise, wie Du aus dem Inneren heraus zu uns sprichst.
Durch Deine Kraft sind wir durch das Hals- oder Kehlchakra kommunikationsfähige Wesen. Wir drücken uns aus durch die Stimme und durch allerlei Gebarden. Wir tauschen beseelte Impulse mit unserer Umwelt aus.
Hier ist die Pforte, das Tor welches Deine göttliche Dreiheit mit der Vierheit der Elemente verbindet. Dein wahrer Geist offenbart sich in der Materie.
Lass uns immer besser Deine Stimme wahrnehmen und nach Deiner Weisheit unseren Lebensauftrag erfüllen. Führe uns immer wieder auf den rechten Weg, falls wir davon abgekommen sind. Gib uns den Mut, den für uns richtigen Weg unbeirrt zu gehen. Öffne unser inneres Ohr für Deine Stimme, lass uns nicht in der Polarität der Materie verirren.

DEIN REICH KOMME

Wir lassen es nachklingen.

Dein Wille geschehe -

wie im Himmel, so auch auf Erden

Nun richten wir unsere Aufmerksamkeit auf die Brustregion, in das Herzchakra. Wir atmen vom Rücken her nach vorne ein und dehnen das Herzzentrum nach vorne aus wie eine wunderschöne Blume in leuchtendem Grün.

Dein Wille geschehe - wie im Himmel, so auch auf Erden

Das Herzzentrum ist Ausdruck der Liebe. Durch die Liebe schaffen wir die stärkste Resonanz zu Deiner unermesslichen Liebe. Die Liebe überwindet alle Trennung, überwindet selbstsüchtiges Trachten. Liebe verschenkt, sie gibt, sie verströmt wie die Sonne ihr Licht.

Aus Liebe verströmst Du, Vater Dein Licht in die Materie. Aus Liebe schicktest Du Deinen Sohn zur Menschheit. Aus Liebe lebte Er ein Leben, das uns vorzeigt, wie die Vierheit, das Kreuz, die Materie erlöst werden muss, um den inneren Weg zu gehen. Nun ist das Herzchakra Ausdruck des Christus-Bewusstseins in uns. Hier verbinden wir uns mit Deiner Liebe, Vater im Himmel.

Lass uns durch die Liebe des Herzens nach Deinem Willen leben. Lass uns leer werden, damit wir als leeres Gefäß nach Deinem Willen handeln, fühlen und denken. Lass uns ein Ausdruck Deiner Gesetze der unendlichen Liebe werden, und erfülle uns mit Lebenskraft und Freude.

Dein Wille geschehe - wie im Himmel, so auch auf Erden

Wir lassen es nachklingen.

UNSER TÄGLICHES BROT GIB UNS HEUTE

Nun richten wir unser Bewusstsein in das Sonnengeflechtszentrum. Vom Rücken her atmen wir tief ein und dehnen das Solarplexus-Chakra wie eine gelb leuchtende Blume in unserer Magengegend nach vorne aus.

UNSER TÄGLICHES BROT GIB UNS HEUTE

Durch dieses Chakra öffnen wir uns der Energie des Sonnenlichtes, das uns mit Lebensenergie versorgt. Wie die Sonne alles zur Entfaltung bringt, wachsen wir, Himmlischer Vater, hin zu Deinem verborgenen Licht.

Du machst uns durch dieses Kraftzentrum zu empfindenden Wesen. Hier sind die feinsten Antennen für die Schwingungen unserer Umgebung. Intuitiv nehmen wir durch dieses Chakra die Gefühle oder die Gedanken unserer Mitmenschen auf. Was auf der Emotionalebene geschieht, vollzieht sich auch auf der körperlichen Ebene in der Verdauung. Hier wird ausgelesen, was unser Körper braucht und was nicht.

Lass uns hinter der Materie Deine geistigen Gesetze erkennen. Lass uns den Schwingungen unserer Mitmenschen in Liebe, Verständnis und Toleranz begegnen. Lass uns erkennen, dass, wo immer wir geben, auch uns gegeben wird. Wir öffnen uns hier dem kosmischen Christus-Licht, dem Licht der Welt. Es ist in jedem Stein, in jedem Gras, in jedem Strauch, in jedem lebenden Wesen. Du gibst uns, Himmlischer Vater, Nahrung für die Seele und für den Körper.

UNSER TÄGLICHES BROT GIB UNS HEUTE

Wir lassen es nachklingen.

VERGIB UNS UNSERE SCHULD - WIE AUCH WIR VERGEBEN UNSEREN SCHULDIGERN

Nun richten wir unsere Aufmerksamkeit in die untere Bauchgegend. Vom Kreuz her atmen wir ein und begleiten den Atem nach vorne. Wir dehnen das Sakralchakra, auch Sexualchakra genannt, nach vorne aus, lassen es leuchten wie eine wunderbare orangefarbene Blume.

Vergib uns unsere Schuld -
wie auch wir vergeben unseren Schuldigern

Dein Licht durchflutet unseren Energiekörper. Wir sehnen uns nach der Aufhebung der Gegensätze. Du hast uns durch das Sexualchakra die Möglichkeit gegeben, dem Du zu begegnen. Die Liebe zu einem Menschen gibt uns die Möglichkeit zur höchsten Ekstase, denn hier kann Einheit entstehen. Du, Himmlischer Vater, gibst uns die Kraft, durch das Einswerden selbst Schöpfer zu werden.

Das höchste Glück können wir nur erfahren, wenn kein Unmut, kein Groll die Verbindung zum Du trübt. Dann schenkst Du uns aus dem Sexualchakra heraus die höchste Gnade. In dem Maße, in dem wir einen Menschen lieben, in dem Maße begegnest Du uns. Freude ist das schönste Gebet.

Lass uns Lebensfreude spüren und in Frieden Dein Licht aufnehmen und weiter verschenken. Schenk uns die Erkenntnis unserer eigenen Unvollkommenheiten. Erfüllt mit Deinem Liebeslicht gelingt es uns immer besser, unsere eigenen Fehler fortan nicht mehr auf unsere Mitmenschen zu projizieren.

Vergib uns unsere Schuld -
wie auch wir vergeben unseren Schuldigern

Wir spüren nach.

FÜHRE UNS NICHT IN VERSUCHUNG,

SONDERN ERLÖSE UNS VON DEM BÖSEN

Nun gehen wir mit unserem Bewusstsein zum untersten Punkt der Wirbelsäule. Durch unseren Atem verbinden wir uns aus diesem Zentrum heraus mit der Kraft der Erde. Wir spüren die Berührung der Sitzfläche mit der Unterlage, spüren die Berührung der Füße mit dem Boden. Sie nehmen die Kraft aus der Erde auf und leiten sie weiter zum Wurzel- oder Basischakra. Wir atmen die Energie unserer Erdenmutter ein, ziehen sie hinauf durch unser Basischakra, das die ganze Erdenkraft in hell-leuchtendem Rot in sich birgt.

FÜHRE UNS NICHT IN VERSUCHUNG,
SONDERN ERLÖSE UNS VON DEM BÖSEN

Ohne Dein Licht und Deine Liebe bleibt die Seele im Dunkeln. Lass uns nicht verloren gehen im Vordergründigen und dabei in Versuchung geraten, Dich, Du unsichtbare Schöpferkraft, zu vergessen. Schenke uns Dein Licht der Liebe, das durch uns hindurch alles Dunkle und Böse aufzuhellen vermag. Dein Licht fühlen wir als belebende, heilende Lebenskraft.

Lass uns nicht verirren in irdischen Sorgen um materielle Dinge. Löse den Schleier, der uns trennt von Deinem Liebeslicht, damit wir erkennen, dass wir nur durch Dich in Frieden leben können. In der wunderbaren Schöpfung preisen wir Deine Weisheit und Liebe, und wir erkennen, dass ohne Dein Licht alles dunkel und lieblos wird.

FÜHRE UNS NICHT IN VERSUCHUNG,
SONDERN ERLÖSE UNS VON DEM BÖSEN

Wir lassen die Schwingung nachwirken.

Denn Dein ist das Reich

*Wir verharren noch eine Weile im Basischakra, bleiben verbun-
den mit der Erdenkraft. Wir öffnen uns ganz dieser sanften, weiblichen Ur-Kraft.*

Dein ist das Reich

*Wie die Sonne als Lebensspenderin in allem Sichtbaren wirkt,
nährst Du uns mit heilendem Licht. Unsere feinstofflichen Kraftzentren öffnen sich zu Deiner höchsten Lichtquelle.*

*Dein Schöpferimpuls hat in unserem Basischakra verborgen
die kräftige Kundalini-Energie angelegt, damit Du sie zum richtigen Zeitpunkt erwecken kannst. Wenn alle Chakras geläutert
sind, steigt sie hinauf zum Scheitelchakra und vereint sich mit
Deinem hellsten weißen Licht. Du bist die absolute Freude, höchstes Entzücken.*

*Wir fühlen nun, wie Licht- und Heilkraft uns vom Kopf bis zu
den Füssen durchströmt. Jede Zelle des Körpers erneuert sich,
denn unsere Chakras und Lichtbahnen öffnen sich zu Deinem
himmlischen Licht. Sanft werden wir durchflutet von heilendem
Licht, der Lichtkörper leuchtet auf in Deinem Licht. Lass uns immer eingebettet sein in Deiner Liebe, damit jede Zelle unseres
Körpers in Deinem Licht aufleuchtet.*

Dein ist das Reich

Wir lassen es nachklingen.

Und die Kraft

Nun sind wir ganz geöffnet, die Energie durchströmt uns. Licht und Kraft erfüllen uns durch das herrlichste aller Gebete. Wir atmen - es atmet uns - von der Erde hinauf zum obersten Punkt, zum Scheitelchakra. Der Fluss des Atems macht uns ruhig. Wir fühlen uns geborgen in seiner Kraft.

Nun richten wir unsere Aufmerksamkeit in das Herzchakra.

UND DIE KRAFT

Du höchste Lichtquelle verströmst Deine Liebe als das strahlende Christus-Licht. Nun werden unsere Geistesgaben geweckt. Wie ein Samenkorn sich ganz langsam entfaltet, so entfaltet sich in uns durch positives, liebendes Denken und Handeln der feinstoffliche Körper zu Deinem Licht.
Freude, Liebe und Licht ist die Kraft, die aus dem Herzen kommt. Aus dem Herzchakra verströmen wir Deine Kraft und wirken heilend, wo Krankheit ist, tröstend, wo Kummer ist.
Wirke Du, Mächtiger, durch unser Herzchakra. Hilf uns die Energien der unteren Chakras zu veredeln. Erlöse uns aus der Ich-Verhaftung und entfache in unserem Herzchakra das Liebesfeuer, damit unser ganzes Wesen erfüllt werde mit Glück und Lebensfreude. Wirke Du, großer Gott, durch uns hindurch, damit wir aus unserem Herzen Dein Licht in unsere Umgebung verströmen können, so wie Du uns als liebender Schöpfer geschaffen hast. Erfülle uns mit Deiner Glückseligkeit.

DEIN IST DIE KRAFT

Wir lassen dieses Mantra in unserem Herzchakra nachklingen.

Und die Herrlichkeit

Wir lassen den Atem fließen, geben uns ganz der Verschmelzung der Erdenenergien mit den Kräften des Himmlischen Vaters hin. Nun richten wir unser Bewusstsein in das Stirnchakra.

UND DIE HERRLICHKEIT

Du machst uns durch das Dritte Auge sehend und öffnest uns das Tor zu Deiner geistigen Lichtwelt. Hier können wir Anteil nehmen an Deiner Herrlichkeit. Immer mehr öffnet sich uns die feinstoffliche Welt. Die Welt der subtilen Energien, die Welt der Engelwesen, die feineren Schwingungsebenen der Aura werden sichtbar. Hier erleben wir die ekstatische Licht-Vision Deiner göttlichen Berührung. Die Stille unseres Herzens bringt unsere Chakras in jene Vibration, die Lebensenergie zum Fließen bringt.
Im Raum des Schweigens sehen wir Dein Licht in unserem Dritten Auge. Wir öffnen uns ganz und werden ein leeres Gefäß, damit Dein Wille uns erfüllen und durch uns wirken kann. Verbirg Dich nicht länger hinter dem dichten Schleier des Irdischen. Öffne unser Drittes Auge, damit wir an Deiner Herrlichkeit teilnehmen dürfen. Löse alle Gegensätze auf und hebe uns empor in die Einheit außerhalb von Raum und Zeit. Entfalte unser Lichtbewusstsein, führe uns in dein Reich des Lichts mit Deinen Engeln, die Dir dienen.

DEIN IST DIE HERRLICHKEIT

Wir lassen die Kraftdurchströmung im Stirnchakra nachschwingen.

In Ewigkeit

Unser Bewusstsein ist nun im Scheitelzentrum. Hier berühren wir die feinste kosmische Energie, die außerhalb ist von Raum und Zeit. Es ist die All-Liebe, die alles belebende Lichtkraft. Es ist die Berührungsebene des Himmlischen Vaters, der uns durch diese Inkarnation liebevoll führt und uns wieder aufnimmt, wenn die Zeit gekommen ist.

IN EWIGKEIT

Hier gibt es keine Gegensätze, keine Zeit, keinen Raum. Hier herrschen Licht, Liebe und Freude.
Zu Dir, oh Gott, erheben wir unsere Seelen. Nimm uns ganz in Deine liebenden Arme, Himmlischer Vater, lass uns zu Deinem Werkzeug werden, damit wir ein Dir wohlgefälliges Leben führen, ganz wie es Deinem Willen entspricht. Lass uns Deinen Willen immer klarer erkennen. Lass uns Dein Licht, Deine Liebe, Deine Freude verbreiten, damit die Erde wieder heil werde. Öffne unsere inneren Augen und inneren Ohren, damit wir Anteil nehmen dürfen an Deinem ewigen Dasein.

DEIN IST DIE EWIGKEIT

Wir spüren die Verbindung zur kosmischen Lichtkraft durch den obersten Punkt des Kopfes und öffnen uns ganz nach oben.

Wir lassen es nachwirken.

AMEN

Durch den Fluss des Atems strömt nun Prana, Lichtenergie, Lebenskraft durch unseren feinstofflichen Körper. Bis in die kleinste Zelle werden wir belebt und durchströmt mit Licht- und Heilkraft.

AMEN

Wir sind nun erfüllt mit Lichtkraft, die wir in unsere ganze Umgebung verströmen. Je mehr wir verströmen, desto mehr fließt uns aus Deiner geistigen Lichtwelt zu. Wir wenden uns nun all denen zu, die diese wunderbare, heilsame Kraft brauchen, allen Kranken, Betrübten, Verirrten, allen Tieren, allen Bäumen, der ganzen Natur. Wir denken an die vier Elemente: LUFT - FEUER- WASSER - ERDE. Möge wieder geordnet werden, was sich entfernt hat von Deinen weisen göttlichen Gesetzen.

Mögen die himmlischen Helfer uns immer wieder mit Licht und Kraft erfüllen und mit unserer Liebe, unseren positiven Gedanken ein Lichtfeld aufbauen, das sich über die ganze Erde ausdehnen möge. Lass Dein Licht leuchten durch den lebendigen Christus in uns und für die ganze Schöpfung ein Segen sein.

AMEN - so sei es. OM - OM - OM.

Wir lassen es nachklingen.

Wir danken für alles, was wir durch die Stille erfahren, spüren und erleben durften. Wir danken unserem großen Lehrer und sMeister Jesus Christus, der uns dieses Gebet geschenkt hat. Wir durften die tiefsten, wahrhaftigen Schichten unseres Seins erfahren. Möge sich unser Lichtkörper immer mehr dem Lichte öffnen, möge sich unser Licht ausdehnen über die ganze Erde.

*Wir kommen erfrischt und erquickt ins Tagesbewusstsein zurück.
Wir fühlen jetzt wieder unseren Körper, bewegen unsere Finger,
strecken die Armen und sind wieder ganz da im Hier und Jetzt,
bereit, unseren Alltag mit frischem Elan zu meistern.*

Abschluss

In diesem Buch habe ich Ihnen, liebe Leserin und lieber Leser, eine neue, vertiefte Form des Betens vorgestellt. Der Inhalt der Worte dieses einzigartigen Gebetes hat eine weltumspannende, kosmische Bedeutung. Sie werden zunehmend entdecken, dass in diesem Gebet alle Geheimnisse Gottes enthalten sind.
Die Worte entfalten eine ungeahnte, spürbare Lichtdurchflutung. Sie entfachen Heilung für Körper und Seele und werden zu heilenden Mantras. Das alles belebende Christuslicht ist durch diese Meditation deutlich erfahrbar und wird nach und nach sichtbar im Dritten Auge. Im täglichen Wiederholen der Meditation öffnet sich der Lichtkörper mit den Chakras und den Lichtbahnen immer mehr zur geistigen Lichtwelt, zu den Engeln, die uns und dem Lichte dienen. Nach und nach wird der Schleier, der uns von der Lichtwelt Gottes trennt, immer durchlässiger. Die Lebensumstände harmonisieren sich von innen heraus. Möge Ihnen die VATERUNSER-Meditation ein lichtvoller Wegweiser sein in ein Leben in Liebe und Frieden auf dieser Erde.

Anmerkungen

1) Lao Tse, *Tao-Te-King*, Anasata Verlag 1988, S. 4

2) Ed.B. Székely, *Das Friedensevangelium der Essener*, Verlag Bruno Martin, 11. Auflage 1987, S. 44-45

3) aus Manfred Klug, Hersg., *Augenblicke der Stille*, Wilhelm Heyne Verlag 1986, S. 12

4) M. Kahir, *Das verlorene Wort*, Turm-Verlag, Bietigheim 1980, S. 40

5) Lao Tse, a.a.O. S. 21

6) Lao Tse, a.a.O. S. 42

7) Ed.B. Székely, *Das geheime Evangelium der Essener*, Verlag Bruno Martin, 3. Aufl. 1984, S. 15

8) Lao Tse, a.a.O. S. 49

9) Ed.B. Székely, *Das geheime Evangelium der Essener*, a.a.O. S. 14

10) Lao Tse, a.a.O. S. 12

11) Ed.B. Székely, *Friedensevangelium*, a.a.O. S. 45

12) Ed.B. Székely, *Das geheime Evangelium der Essener*, a.a.O. S. 42 f.

13) Ed.B. Székely, *Die unbekannten Schriften der Essener*, Verlag Bruno Martin, 10. Aufl. 1987, S. 15 - 9

Verzeichnis der Abbildungen

Danksagung

Meine geistigen Helfer haben mich mit liebevollen, unterstützenden Menschen zusammengebracht. Ihnen, meinen himmlischen Helfern, möchte ich vorab danken für die liebevolle Führung durch dieses Leben. Sie haben mir oft den Weg geebnet und zarte Zeichen gegeben.

Zu den liebevollen, irdischen Helferinnen gehört Karin Vial. Von Herzen danke ich für ihre vielfältigen Anregungen, ihr tiefes Verständnis und respektvollen Umgang mit meinen Texten.

Meiner Familie, die mir viel bedeutet und mir den notwendigen Freiraum gibt, meine Aufgabe erfüllen zu können, danke ich von ganzem Herzen. Dieser Dank gilt besonders meinem Ehepartner Bruno Thali, meinem Sohn Patrick Thali, meiner Tochter Alexandra Fink mit Daniel und den Großkindern Shirin, Milosh und Juna Fink.

Allen Seminarteilnehmern, die ich seit vielen Jahren durch die Ausbildung in der von mir begründeten Lichtbahnen-Therapie kennen gelernt habe, danke ich von Herzen. Auch für alle liebevollen Zuschriften, bin ich überaus dankbar. Ich denke mit Freuden an die schönen Erfahrungen und Öffnungen zum Lichte hin, die ich bei allen Seminaren und Meditationen miterleben durfte.

Literaturverzeichnis

Augenblicke der Stille, Worte und Gedanken großer Zen-Meister,
  Wilhelm Heyne Verlag 1986 (vergriffen)
Bauer W./Dümotz I./Golowin, *Lexikon der Symbole*, Wilhelm
  Heyne Verlag 2001
Benedikt H.E., *Kabbala 1*, Ansata 2003
Benedikt H.E., *Kabbala 2*, Ansata 2003
Betz O., *Das Geheimnis der Zahlen*, Kreuz Verlag 1989
Bittlinger A., *Das Vaterunser*, Kösel 1997
Blome G., *Mit Blumen heilen*, Ullstein 1999
Blome G., *Wirf ab, was dich krank macht*, Ullstein 2001
Capra F., *Das Tao der Physik*, Scherz Verlag 2000
Capra F., *Wendezeit*, Droemer Knaur 2004
Chardin Teilhard P., *Der Mensch im Kosmos*, C.H. Beck,
  3. Aufl. 1999
Choa Kok Sui, *Durch kosmische Energie heilen*, Verlag Hermann
  Bauer 1995
Cousto H., *Die kosmische Oktave*, Synthesis 2004
Dethlefsen T., *Schicksal als Chance*, Wilhelm Goldmann Verlag
  2000
Die gute Nachricht, Altes und Neues Testament, Deutsche Bibel-
  gesellschaft
Drewermann E., *Ich steige hinab in die Barke der Sonne*,
  DTV 1994
Drewermann E., *Der tödliche Fortschritt*, Herder 1997

Eknath E., *Mantram - Hilfe durch die Kraft des Wortes*, Verlag Hermann Bauer 2000

Gottwald F.T./Howald W., *Selbsthilfe durch Meditation*, mvg 2001

Hanf, Monika (Übers. & kommentiert v.) *Tibetanisches Totenbuch*, Piper 2003

Jung C.G., *Mandala*, Walter-Verlag 1987

Kahir M., *Das verlorene Wort*, Turm Verlag 1980

Lauterwasser Alexander, *Wasser Klang Bilder*, AT Verlag Aarau, 2002

Leadbeater C.W., *Die Chakras*, Aquamarin 2004

Lao Tse, Tao-Te-King, *Das heilige Buch vom Tao und der wahren Tugend*, Anasata 1988

Lee Sanella, *Kundalini Erfahrung*, Synthesis 1989

Mead B.A., *Fragmente eines verschollenen Glaubens*, Ludwig 1990

Müller E., *Der Sohar*, Diederichs 2005

Pannikar R., *Den Mönch in sich entdecken*, Kösel 1990

Petuchowski J./Thoma C., *Lexikon der jüdisch-christlichen Begegnung*, Herder 1994

Raphaell K. *Heilen mit Kristallen*, Droemer Knaur 1992

Robert Rosa K., *Das ist autogenes Training*, Fischer-TB-Verlag 1991

Scheffer M., *Bach Blütentherapie*, Hugendubel 2006

Schmid G., *Die Mystik der Weltreligionen*, Kreuz-Verlag 2000

Schwäbisch L./Siems M., *Selbstentfaltung durch Meditation*, Schirner 2006

Sharamon S./Baginsky B.J., *Das Chakra- Handbuch*, Windpferd Verlagsgesellschaft 2001

Sherwood K., *Die Kunst des spirituellen Heilens*, Lüchow 2005

Sherwood K. *Kraftzentren des Lebens*, Schirner 2003

Strzempa-Depre M., *Die Physik der Erleuchtung*, Wilhelm Goldmann Verlag 1988

Herder Lexikon *Symbole*, Herder 1998

Székely E.B., *Das Friedensevangelium der Essener*, Verlag Bruno Martin 1977 (neuere Ausgabe: Neue Erde 2002)

Székely E.B., *Die unbekannten Schriften der Essener*, Verlag Bruno Martin 1978

Székely E.B., *Das geheime Evangelium der Essener*, Verlag Bruno Martin 1984

Steiner R., *Pfade der Seelenerlebnisse*, Rudolf Steiner Verlag 2002

Tucci G., *Geheimnis des Mandala*, ADMOS Media Gmbh 1998

Venetz H.J., *Das Vaterunser*, Edition Exodus 1989

Völkers K., *Das Gebet des Herrn: Quelle der Kraft*, J. Kamphausen Verlag 1987

White Eagle, *Die verborgene Weisheit des Johannes-Evangeliums*, Aquamarin 2003

White Eagle, *Wunder des Lichts*, Aquamarin 1993

White Eagle, *Der Weg zum höheren Selbst*, Aquamarin 2000

White Eagle, *Heilungspraxis*, Aquamarin 1998

White Eagle, *Das große White Eagle Heilungsbuch*, Aquamarin 2000

Wilber K., *Das holographische Weltbild*, Wilhelm Heyne 1990

Über die Autorin

Trudi Thali hat mit ihren Büchern vielen Lesern neue Erkenntnisse über Spiritualität und Heilen vermittelt. Ihre geführten Meditationen auf CDs sind in der heutigen Zeit Balsam für die Seele. Über viele Jahre hat sie Therapeuten und Laien in dem von ihr entwickelten System der Lichtbahnen-Heilung ausgebildet. Ihr Lebenswerk wird von lichterfüllten Menschen weitergeführt. Bislang sind von ihr folgende Werke erschienen:

Bücher:
Die Heilkraft der Maria
Das Geheimnis der Lichtbahnen-Heilung
Göttliche Verzauberung
Lichtbahnen-Heilung
Lichtbahnen-Selbstheilung
Lichtbahnen-Fernheilung
Heilung durch innere Bilder
Die 8 Wege Jesu zum Glück
Die Offenbarung des Johannes
Lern-DVD: *Lichtbahnen-Heilung*
Kartenset: *Lichtfunken - Engelbotschaften*
Geführte Meditationen auf CDs sind auf den nachfolgenden
Seiten aufgeführt
Ein Gesamtverzeichnis der Werke finden Sie auf der
Website der Autorin unter
www.trudi-thali.ch

Trudi Thali
Das Vaterunser als Chakra-Meditation

ISBN: 978-3-9522439-3-0

Die CD als Ergänzung zum vorliegenden Buch.
Das Vaterunser entfaltet in dieser neuen Form
des Betens eine kraftvolle Lichtdurchflutung.

Entfaltung zum Licht
Drei geführte Meditationen von Trudi Thali
- Vom Reich der Elfen ins Licht
- Höhle des alten Weisen
- Von der Bergwiese ins Licht

ISBN: 978-3-9522439-7-8

Heilendes Licht
Drei geführte Meditationen von Trudi Thali
- Seelen-Kapelle
- Heilendes Lichtwasser
- Funkelnder Christusdiamant

ISBN: 978-3-9522439-6-1

Lassen Sie sich von Trudi Thali in die höheren Sphären des Lichtes führen.
Sprache und Musik ergänzen sich in diesen lichtvollen Meditationen zu
einer starken, heilenden Kraft und strömen in Ihre Seele wie ein wohltuender Balsam. Die inneren Bilder bringen Ihr Lichtbewusstsein zur Entfaltung, und Ihre Lichtbahnen werden durchströmt von der mächtigen Kraft
des Christus-Lichtes. Körper und Seele werden durchflutet von heilendem
Licht. Effatha: Öffne dich zum Licht!

Das Gebet des Heiligen Bruder Klaus
Heilende Lebenskraft für Körper und Seele
Geführte Meditation von Trudi Thali

ISBN: 978-3-9522439-1-6

»Mein Herr und mein Gott. Nimm alles von mir was mich hindert zu Dir! Mein Herr und mein Gott. Gib alles mir, was mich fördert zu Dir! Mein Herr und mein Gott. Nimm mich mir und gib mich ganz zu eigen Dir!«

Die Worte dieses Gebetes werden in der vorliegenden geführten Meditation zu einem lichtvollen Erlebnis. Sanfte Musik und Sprache ermöglichen eine bereichernde spirituelle Erfahrung. Das Mandala des heiligen Bruder Klaus schenkt eine innige Verschmelzung mit der Sphäre des göttlichen Lichtes. Körper und Seele werden durchströmt von heilender Lebenskraft. Wogen von Licht und Liebe werden ausgegossen.

Sanctus Vision
Geführte Meditation von Trudi Thali
mit Musikuntermalung

ISBN: 978-3-9522439-0-9

Liebevoll und sanft öffnet diese wunderbare Meditation die Tore zum inneren Selbst. Die kontemplative Betrachtung der eigenen Seelenbilder vermittelt neue Einsichten in das Potenzial der eigenen inneren Vielfalt. Über eine ergreifende Licht-Vision gelangt der Hörer zur höchsten Transzendenz, zum inneren Sanctus. Göttliche Liebe verströmt sich und wirkt als innere unerschöpfliche Kraftquelle weiter. Die Verbindung mit dem göttlichen Lichtstrahl wirkt nachhaltig als heilende Energie für Körper, Seele und Geist.

Trudi Thali
Lichtbahnen-Heilung
Öffnung und Heilung des Lichtkörpers mit der
spirituellen Meridianbehandlung

ISBN: 3-89385-466-5

Lichtbahnen sind jene geheimnisumwobenen Energiekanäle, die wir aus dem alten Reich der Energiearbeit, dem traditionellen China, kennen. Dabei bringt die Lichtbahnen-Heilung die Energien durch sanftes Berühren des Körpers mit den Handflächen zum freien Fließen. Mit nur 14 Handpositionen ist es somit möglich, in allen Meridianen - und damit in allen Körperbereichen - das ungehinderte Fließen universeller Lebensenergie anzuregen. Dieser freie Fluss von Energie entlang der Lichtbahnen, die den Körper durchziehen und mit kosmischer Energie versorgen, unterstützt die Selbstheilung, lindert Beschwerden und fördert die spirituelle Entfaltung. Die Lichtbahnen-Behandlung ist sehr einfach auszuführen, vergleichbar etwa mit einer Reiki-Behandlung.

Lichtbahnen-Heilung
Die DVD zum Buch -
für Therapeuten und interessierte Laien.
Von Trudi Thali

ISBN: 3-9522439-8-1

Die DVD zeigt Ihnen, wie die Ströme des Lichts (das Chi´i) den Körper durchfluten, wie Blockaden im Energiesystem aufgelöst werden und wie in einfachen Schritten durch sanftes Berühren Licht und Lebenskraft wieder zum Fließen gebracht werden können. Die DVD dient als Lern-Ergänzung zur Therapie oder einfach dazu, die heilende Kraft bei der Betrachtung der Lichtbahnen-Behandlung zu fühlen.

Trudi Thali
Die 8 Wege Jesu zum Glück
Inspirationen aus der Bergpredigt

ISBN: 978-3-9522439-4-7

»Nach und nach entdeckte ich die kostbaren Inhalte unserer eigenen spirituellen Wurzeln wieder, so wie sie überliefert sind im Alten wie im Neuen Testament. In den Botschaften der Bibel fand ich eine Fülle von spirituellen Wegweisungen. Insbesondere das Herzstück des Neuen Testamentes, die überlieferten Worte Jesu in den Seligpreisungen der Bergpredigt, beinhalten zeitlose Wahrheiten und ethische Grundregeln für Heilung und Glückseligkeit. Zu meiner großen Freude erschlossen sich mir hier acht fundamentale Regeln für ein glückliches Leben.«   Trudi Thali

Trudi Thali
Die 8 Wege Jesu zum Glück
Inspirationen aus der Bergpredigt
Die CD ergänzend zum Buch

ISBN: 978-3-9522439-1-7

Die Seligpreisungen der Bergpredigt sind ein Herzstück der Bibel. Die CD mit von Trudi Thali persönlich gesprochenen Meditationen und musikalischer Untermalung vertieft das Buch. Die acht Seligpreisungen werden zu einer berührenden seelischen Erfahrung.